悩みを笑い飛ばす力

一休さんの禅的思考

曹洞宗徳雄山建功寺住職
枡野俊明
Shunmyo Masuno

電波社

装丁　川畑サユリ
本文イラスト　イケマリコ
編集協力　渡邊　茂
編集　樹島慎司（コスミック出版）

はじめに

一休さんといえば、１９７０年代に始まったアニメでおなじみですね。

アニメの一休さんのモデルは、一休宗純《いっきゅうそうじゅん》という実在した禅宗の僧侶《そうりょ》（禅師《ぜんじ》）です。

そもそも禅は日本発祥のものではありません。仏教の開祖《かいそ》、釈迦《しゃか》の28代目の弟子にあたるインドの達磨大師《だるまだいし》が仏教の普及のため、中国に渡り、６世紀前後、かの地で禅宗を開いたのが始まりです。日本で禅が興《おこ》ったのは鎌倉時代。中国に渡った栄西禅師《えいさいぜんじ》や道元禅師《どうげんぜんじ》が日本に禅をもたらしました。

一休さんが生きた時代は室町時代。時代はまさに「乱世の世」でした。正長の一揆、応仁の乱といった血なまぐさい世相を背景に、飢饉《ききん》、天災、疫病《えきびょう》が頻発《ひんぱつ》し、さながら地獄絵図《じごくえず》のような世界が繰り広げられていました。為政者《いせいしゃ》たちは貧窮を極める庶民をかえりみず、享楽に明け暮れ、宗教家たちもその権威に追従するばかりで、人々を救うはずのお釈迦様の教えがほとんど機能していないような状態だったのです。

ちなみに日本に禅をもたらした道元禅師は曹洞宗《そうとうしゅう》、一休禅師は臨済宗《りんざいしゅう》の僧侶です。

二つの宗派の違いを簡単に説明します。曹洞宗では只管打坐《しかんたざ》といって、坐禅をすることで己の中に生来備わっている仏性《ぶっしょう》を見出すことを修行の旨とします。一方、臨済宗では公案《こうあん》といって、老師と呼ばれる指導者から課題を与えられ、それを解いていくことを修行の旨とします。いわゆる禅問答《ぜんもんどう》ですね。

臨済宗の一休禅師は、幼いころから難解な公案で鍛えられ、「頓智《とんち》の一休さん」と呼ばれるほど大人たちを唸《うな》らせていた神童でした。もちろん、坐禅にも真剣に取り組んでいたことは言うまでもありません。

アニメで描かれていたのはストイックに修行に明け暮れる少年時代の一休さんです。ところが大人になってからの一休さんはかなり趣《おもむき》を異《こと》にします。

青年期以降の一休さんは、仏《ほとけ》の道を説く者としては禁じられていた行為を繰り返していています。飲酒、肉食《にくじき》はもちろん、遊女屋《ゆうじょや》にも出入りし、男色《なんしょく》まで行っていたエピソードが後世《こうせい》に伝えられ、そうした行為を歌にして詠《よ》んでもいました。

当時の宗教界では、型にはまらない一休さんを破戒僧《はかいそう》とみなし、憎々しく思っていた僧侶もかなりいたとも言われています。

しかし、それ以上に一休さんを「師」として敬愛する人々がいたのです。

一休さんを慕《した》い集まってきた人々は宗教家だけにとどまりません。貴族、武士、財界人、文化人といった裕福層から職人、農民といった庶民まで、その職業や身分は様々でした。顔の広さでいえば日本の宗教史においても他に類がないでしょう。

なぜ、一休さんがこれほどまでに愛されたのか？　それは当時の宗教の形骸化《けいがいか》に反旗を翻《ひるがえ》し、戒律《かいりつ》に縛《しば》られることなく、禅の本質を見据えていたからだと思うのです。

一休さんは僧侶の立場でありながら俗人がするようなことも行い、それでも自らの仏性を疑いもしなかった人です。だからこそ、市井《しせい》の人々の中に分け入り、彼らだって自分と同じようになれるんだ、という強い信念で禅を普及したのです。

さらに、一休さんは魔界に墜《お》ちた人々をも救いました。弟子の中には地獄太夫《じごくたゆう》という伝説の遊女もいて、彼女の最期を一休さんが見送ったことからもそれが偲《しの》ばれます。

一休さんの教えには経験に裏打ちされた説得力があります。それは現在の日本に置き換えても十分に通用するものです。あの頓智の一休さんが悩みに悩み抜き、公案で理論武装するだけでなく、実地の経験から得た禅的思考だからです。それは時代を超越しています。

一休さんは次のような趣旨のことを言っています。

悩みがあるということは生きている証拠。悩みがない人なんて、どの時代、どの世界を見渡しても存在しない。もし、そんな人がいたらもはやそれは人間ではない、と。

一休さんの生き方と言葉を知ることが、皆さんの抱える悩みを軽くし、その悩みを笑い飛ばせる力となると、私は心より信じています。

曹洞宗徳雄山建功寺住職

枡野俊明

目次

第2章　一休さんの禅的思考――先行きに不安を感じたとき

今この瞬間を生き切る

第3章　一休さんの禅的思考――自分に自信が持てないとき

あるがままの自分を受け入れる

第4章　一休さんの禅的思考――生きづらさを感じたとき

悩み苦しむからこそ人間なんだ

第5章　一休さんの禅的思考――ルールを破ってしまったとき

あえて魔界に分け入る生き方もある

第6章　一休さんの禅的思考――死が近づいてきたとき

死ぬときはポックリ逝こう

第1章

一休さんの禅的思考——困難にぶつかったとき

心配するな、大丈夫、なんとかなる

嫌なことやつらいことも永遠には続かない

人間の真価は逆境のときに表れます。何事も順風満帆《じゅんぷうまんぱん》でうまくいっているときはいいのです。何をやってもピタッと当たり、企画を出せばすんなり通り、プレゼンをやれば高い評価を受け、営業成績も上位をキープ、プライベートではいい人に巡り会って心身共に充実している。こんなときは悩みもありません。

順風満帆とまでいかなくても、可もなく不可もなく、まあ何とかやっているという場合もそうでしょう。日々、大過《たいか》なく過ごせていれば、そんなに悩むこともないのです。楽しい毎日を送り、自分の好きなことをしたり、課題を見つけて取り組むなど前向きに生きることができます。

ところが、人生そういいことばかりではありません。思いもよらないことが起きます。たとえば、ビジネスパーソンなら人事異動はいつもハラハラドキドキのはず。自分の希望が通るとは限らず、むしろ通ることの方が少ないからです。左遷されることだってあるかもしれません。

ある方からこんな話をうかがいました。開発エンジニアになりたいと自動車メーカーに入社したのに、人事で営業部門に回されてしまった。自分は営業には向いていない。いったん営業担当になったら、いつ希望する部署に配属されるのかもわからない。これからどうしたものかと深刻そうな表情でした。

新卒採用で正社員になれたのに2、3年で辞めてしまう若者が多いのも、原因の一つは人事への不満だと聞いたことがあります。「自分が興味を持てない部署に配属された。やってられない。やる気にならない」というわけです。

会社としては、幅広くいろいろな部署を経験してもらい、会社全体を見渡して仕事のできる人材を育てたくてそうするわけですが、当の本人にとってはありがた迷惑。悩みの底に沈んでしまうのも無理からぬところです。

こんなとき、いくら人に相談しアドバイスを求めても、結局のところ、最後に決めるのは自分です。転職するもよし、会社に残るのもよし。嫌いな仕事を「一時の辛抱だ」と思ってやるもよし、「好きになれるよう努力してみよう」と思ってやるもよし。

どれが正解ということはありません。

ただ、どんな道を選ぶにせよ、後悔しないようにするには、悩んだとき、困難にぶつかったときに、どんな心持ちで選択したかが重要ではないでしょうか。

有漏路《うろじ》より無漏路《むろじ》へ帰る一休み
雨降らば降れ風吹かば吹け

『一休咄《いっきゅうばなし》』


この一休さんの歌は、「一休」という道号《どうごう》にちなんだ歌として有名です。

一休さん（1394〜1481）は22歳（数え。以降、年齢は数えで表記）のとき、近江堅田《おうみかたた》の祥瑞庵《しょうずいあん》を訪ね、臨済宗大徳寺《りんざいしゅうだいとくじ》派の禅僧、華叟宗曇《かそうそうどん》に入門しました。堅田は琵琶湖の西岸にある町です。

ここで修行に励んでいたころ、華叟《かそう》和尚から難しい公案（修行者を悟りに導くための課題）を授けられました。公案を前に悪戦苦闘した一休さんは、ある日、琵琶法師が『平家物語』の「祇王《ぎおう》」を語るのを聞き、それがきっかけで見事、公案を解いたそ

心配するな、大丈夫、なんとかなる

うです。

『平家物語』に登場する「祇王」は、歌や舞いで人々を楽しませる評判の白拍子《しらびょうし》です。平清盛の寵愛《ちょうあい》を受けて幸せな日々を過ごしていました。ところが、清盛はいつしか「仏《ほとけ》」という名の別の白拍子に夢中になり、祇王を館から追い出してしまいます。

この世のはかなさを知った祇王は髪を下ろして尼となり、京都の人里離れたところに庵を結んで暮らしました。しばらくして、一人の女性が庵を訪ねてきました。その女性は何と、仏。自分が追い出されるきっかけとなった白拍子です。仏もまた、いつ祇王と同じ目に遭うか分からないと苦しみ、自ら清盛の館を出て尼になったのでした。

「祇王」を聞いた一休さんがどんなふうに公案を解いたのかはわかっていません。しかし、その答えは師をうならせたようで、華叟和尚は感心して「一休」の道号を授けました。このとき、一休さん25歳。応永25年（1418）の出来事です。

歌にある有漏路《うろじ》は現世を指します。迷いやとらわれのある世界のこと。無漏路《むろじ》はそれを飛び越えた世界、すなわち悟りの世界です。

ここで一休さんが言おうとしたのは、こういうことです。

「私たちの住む現世は迷いや執着にとらわれた世界だけれども、これから行こうとしているのはお彼岸《ひがん》とか浄土《じょうど》とか仏国土《ぶっこくど》とか呼ばれる世界だ。そういう迷い、とらわれ、執着のない世界へ行くまでの僅かの期間（一休み）を今、私たちは生きている。向かっている先には素晴らしい世界が待っているのだから、雨が降ろうが風が吹こうがそれは一時的なもの。だから動じることはない」

無漏路を死後の世界や来世ととらえる必要はありません。禅は、私たちが生きている間に迷いやとらわれをなくして、人が本来備えている仏性、一点のとらわれもない美しい心を取り戻そうという教えです。

生きているうちに無漏路に到達するのは難しいかもしれませんが、近づくことはできるはず。だから「雨降らば降れ風吹かば吹け」なのです。雨風はいずれ過ぎ去ります。嫌なことやつらいことも永遠に続くわけではありません。

困難にぶつかったときは、自分の心の土台をしっかりと固めることが大切です。自分の心持ちが定まれば、あとはどのような選択をしようと前向きになれるはずです。

「人形遣い」のように立ち振る舞おう

現代の日本社会では、「皆んなにいい人だと思われたい」という気持ちの表れなのか、必要以上に周囲に気を遣《つか》っている人をよく見かけます。

Aさんに対してはAさんに気に入られるように立ち振る舞い、Bさんには Bさんに気に入られるように立ち振る舞って、Cさんにも同じようにする。こうなると、Aさん、Bさん、Cさんに対している自分がそれぞれ異なり、どれが本当の自分なのかわからなくなってしまいます。これでは疲れますし、精神的に参ってしまいますよね。

それは違うんじゃないかと教えてくれるのが、一休さんの次の歌です。

心より首にかけたる傀儡師《かいらいし》
鬼を出そうと仏だそうと

『一休諸国物語図会《いっきゅうしょこくものがたりずえ》』

傀儡師《かいらいし》は木の操り人形を使って芸を行う人。人形を使って諸国を回った芸人のことで、いわゆる「人形遣《つか》い」です。ひもの付いた箱を首にかけて、箱の中から人形を出して寸劇を披露するのですが、鬼を出すか仏を出すかは傀儡師の心次第だと言っています。

これはどういうことかというと、**お釈迦様も一つのことを説明するのに、相手によって言い方を変えているのです。喩《たと》えを使うこともあります。「この人にはこういうふうに説明した方がわかりやすいだろう」「この人にはもっと違った方法で説明したほうがいいかもしれない」と、言い方を変えたり喩えを使ったりして、その人にふさわしい話し方をされています。**

そうかといってお釈迦様は、相手に合わせて自分の考えを変えているわけではありません。お釈迦様の考え（思想）が相手によってころころ変わるということはないのです。**相手が「軟」の人であるか「硬」の人であるかによって、同じことを説明するにも巧みに説明の仕方を変えているということです。**

まさに変幻自在。自由に言葉と表現を操り、その人が受け入れやすい方法で教えを

心配するな、大丈夫、なんとかなる

説かれたのがお釈迦様です。

一休さんが言っていることもそれと同じです。

まず自分の考えがしっかりとある。これが基本です。その自分の考えを相手に伝えるときに、Aさん、Bさん、Cさんにそれぞれ一番伝わりやすい方法で語ったらどうですか？　と説いています。

鬼を出せば伝わるかもしれないと思ったら鬼を出せばよい。でも、それでは逆効果で、仏を出したほうが伝わるんじゃないかと思ったら仏を出せばよい。

このごろは「会社の上司や学校の先生は、部下や生徒を優しく教え諭して指導するのがよい」という風潮があります。これは「仏」を出す例ですね。もちろん、その方がいい場合もあります。

けれども、「鬼」を出した方がいいときもあるのです。「心を鬼にして」という言葉もあるように、あえて叱ってあげた方が本人のためになる。そういう場合もあることは、いつの時代も変わらないのではないでしょうか。

言い方を変えるのは相手に迎合《げいごう》することではありません。相手の力量や好み、性格

などから判断して、どうしたら相手の心に届くかを見定めて話すのです。相手に合わせて自分自身を変えてしまうのではなくて、自分自身は変えていないけれども、伝え方や表現の仕方を相手に合わせて変えるということです。

10人にいい顔をすれば10人の自分がいることになり、どれが本当の自分かわからなくなるのは当然でしょう。

そんなふうに自分というものがなくなってしまうのは、現代人が陥りやすい傾向です。会社でも社会でも、皆んなにいい人と思われたくて、本当はうまくできないのに引き受けてしまい、後で苦しい思いをする人がいます。

自分の心に素直に、「できないものはできない」と言ったほうがいい。そして、「こういうことなら私にも手助けできます」と言い換えられるかどうかです。

皆んなに迎合したりせず、自分を失わないで人と接することができたら、心が軽くなり、もっと自由になれるはずです。「人形遣い」のように立ち振る舞えばいいんだと気付けたら、少しは気が楽になりませんか?

心配するな、大丈夫、なんとかなる

当たり前のように「人生１００年時代」と言われるようになりました。男性の平均寿命は81歳を超え、女性も87歳を超えています（２０２１年、厚生労働省の集計）。半世紀前と比べて男女ともに10歳以上寿命が延びました。

ここで室町時代（14〜16世紀）まで時代をさかのぼってみましょう。当時の人々は何歳ぐらいまで生きれば、「結構生きたな」「長生きしたな」と思えたのでしょうか。確かな統計データがあるはずもなく、はっきりしたことはわかりませんが、手掛かりはあります。注目したいのは、織田信長が好んで舞ったという「敦盛《あつもり》」の一節です。

信長は「人間《じんかん》五十年、下天《げてん》のうちを比ぶれば、夢幻の如くなり。一度《ひとたび》生を享《う》け滅せぬ者のあるべきか」と歌って今川義元との決戦に出陣しました。

この「人間五十年」とは、直訳では人の寿命のことではないそうです。しかし、「人はいずれ死ぬ。この世の50年は夢や幻のようなものだ」という歌意から、50年も生きれば十分長生きしたといえる、というニュアンスが感じられるのです。

室町時代は天災、飢饉、悪政などを背景に各地で一揆が相次ぎ、11年に及ぶ応仁の乱（１４６７〜７７）では文化の中心地・京都が戦火に見舞われました。平均寿命は50歳はおろか40歳、いや30歳にも満たなかったと思われます。そんな死と隣り合わせの荒廃した世の中で、88歳の天寿を全うしたのが一休和尚です。

一休さんは実に多彩な顔の持ち主でした。

「頓智《とんち》の一休さん」は誰でも知っていますが、意外と知られていないのが後小松《ごこまつ》天皇のご落胤《らくいん》（非嫡出子）だということ。後小松天皇が譲位された後、親しく拝謁《はいえつ》もしています。

若くして厳しい修行に励み、清貧な暮らしを貫く一方、市井《しせい》の人々と積極的に交わり、当時の堺の商人や多くの文化人に影響を与えました。そうかと思えば、公然と戒律を破って酒を飲み、遊女屋にも通い、晩年は若い盲目の女性と同棲して周囲を驚かせました。

権力にすり寄る仏教界に対してはこれを痛烈に批判しましたが、80歳を過ぎてから

心配するな、大丈夫、なんとかなる

後土御門《ごつちみかど》天皇の勅命《ちょくめい》を受け、応仁の乱で焼失した京都・大徳寺の再建に努めています。

一休さんは後継者を指名しないという点でも異色でした。後継者を立て、代を継いで禅の教え（法灯《ほうとう》）を継承していくという、それまでのやり方を否定したのです。お弟子さんがいなかったわけではなく、大勢のお弟子さんがいたのに後継者を立てませんでした。

こんな話があります。

一休さんは亡くなる直前、「この先、どうしても困ったことがあったら、この手紙を開けなさい」と言って、弟子たちに一通の手紙を遺《のこ》されました。一休さん亡き後しばらくして、弟子たちが本当に困ってその手紙を開封してみると、こう書かれていました。

心配するな、大丈夫、なんとかなる

これには一同、拍子抜けして、笑ってしまったそうです。

出典不明のため真偽のほどは定かでないのですが、いかにも一休さんらしいエピソードです。

誰にでも大変なこと、苦しいこと、つらいことはあるものです。でも、もう駄目だと簡単に諦めてはいけないと戒《いまし》めたのではないでしょうか。

「なんとかなる」といっても、何もしないでぼうっとしていたのでは道は開けません。本気で「なんとかなる」と思ったら必死にならざるを得ないわけで、そうやって必死にやっていれば結果は必ず付いてくると一休さんは言いたかったのでしょう。

「どうしよう、どうしよう」と慌てることなく、目の前の問題に一つずつコツコツ取り組んでいきなさい。そういうメッセージが込められているのだと思います。

まずは相手のニーズをつかむこと

一休さんといえば、「このはし渡るべからず」の立て札を見て、端《はし》ではなく真ん中を通って渡ったという小僧時代の頓智《とんち》話がとりわけ有名です。こうした一休さんにまつわるさまざまな説話を収録したのが江戸時代に編纂《へんさん》された『一休咄《いっきゅうばなし》』です。

この『一休咄』に「山伏《やまぶし》、一休と奇特をあらそう事」という面白い話が出てくるのでご紹介しましょう。

一休さんは壮年時代、堺を訪れて商人や庶民を相手に布教していますが、その堺へ舟で向かう途中、超自然的な霊力を身につけた山伏と一緒になりました。舟を下りてしばらく陸路を行ったところで、激しく吠《ほ》えて威嚇《いかく》する犬と遭遇します。

「あの恐ろしい犬の怒りを静めて、すぐにここへ呼び寄せる法力をお見せしよう」と自信満々で言う山伏に、「では、やってみたまえ。もしうまくいかなかったら私に任せてほしい」と一休さん。

山伏はいかにも修験道《しゅげんどう》の行者らしく数珠《じゅず》を押しもんで祈禱《きとう》しますが、犬は吠え続けたまま一向におとなしくなりません。焦った山伏は、今度は「おん。あびらうんけん。そわか（唵。阿毘羅吽欠。蘇婆訶）」と呪文を唱え、必死に大日如来《だいにちにょらい》に祈りを捧げますが、やはり効果なし。

これを見た一休さんは、「そこをどきなさい。この程度のことに『あびら』も『うんけん』も『そわか』も必要ない」と言って、懐《ふところ》から昼ご飯の焼飯（おにぎり）を取り出し、吠えている犬に見せました。すると、犬はたちどころに吠えるのをやめ、尻尾を振ってすり寄ってきたのでした。

自らの霊力を過信し、独り相撲をとった山伏と、犬のニーズをつかんで合理的に行動した一休さんの対比が鮮やかな場面です。

物事のへそ、あるいはツボを押さえていたのは、一休さんの方でした。たわいもない話のように見えて、案外、重要なことを私たちに教えてくれているように思います。吠えている犬をどうやって黙らせるかという単純な問題でも、へそ（ツボ）を押さえた対応をしないと解決しないのです。

心配するな、大丈夫、なんとかなる

「静かにしてくれ」と犬にお願いしても通じなければそれまで。まして呪文なんか唱えたところで効果は期待できません。それよりも、おなかを空かせている犬には餌《えさ》をあげて喜ばせたら言うことを聞くはずだと考えた一休さんは、見事に相手のニーズをつかんでいたのです。

私たちが日々、直面している問題や背負っている仕事は、これよりもはるかに複雑です。だとしたら、いかにへそを押さえてポイントを外さないようにするかが何より大切です。

一休さんはそういうポイントを瞬時に見抜ける人でした。問題の全体を解決するには、急所となる部分を解決しないとうまくいかない。逆に言うと、その部分さえ解決できれば、ほとんどの問題は解決します。したがって、急所となる部分はどこにあるのかということを、常に観察して見抜こうとしていた。それが一休さんの凄《すご》いところだったと思います。

物事にはツボがあり、そのツボをどう押さえてどう対処していくかが決定的に重要です。それがうまくできれば、物事を大きく動かすことができます。

小さな〝気付き〟が積み重なり、突然、視界が大きく広がる

禅では悟りを重視しますが、「悟ろう」と思って修行しても悟れるとは限りません。悟りを得る便利なマニュアルがあるわけではないからです。

悟りの中でも決定的な悟り、その境地に達した途端に世界がまるで違って見えるような悟りのことを大悟《だいご》といいます。この大悟を得たと今に伝わる僧たちを調べてみると、ふとしたことがきっかけで突然悟った人が多いようです。

禅の修行の中では、小さな悟りは毎日のようにあります。「あっ、こういうことか」という気付きが悟りなので、修行僧はそれを積み重ねていくわけです。一生懸命修行している人は誰でも経験していることです。

ところが、その小さな悟りをいくら積み重ねても大悟にまで至るのはなかなか難しい。それでも、手探りで修行しているうちにあるとき、急に視界が開けて、今まで知らなかった別世界に連れて行かれるような体験をすることがあるそうです。

心配するな、大丈夫、なんとかなる

よく知られているのは、中国の唐の時代、９世紀に生きた香厳智閑禅師《きょうげんちかんぜんじ》の話です。

香厳禅師は勉強熱心で、多くの書物を読みながら小さな悟りを積み重ねてきました。本人はそれでいいと思っていたのですが、お師匠さんから、そんなことをいくら続けても大悟には至れないと言われてしまいます。ショックを受けた香厳禅師は、持っていた書物をことごとく燃やして山にこもることにしました。

そして、かねて尊敬していた南陽慧忠国師《なんようえちゅうこくし》のお墓に行き、掃《は》き掃除を始めるのです。そうやって墓守をして暮らすうち、ある日、お墓の周りを竹箒《たけぼうき》で掃除をしていたところ、たまたま掃いた小石が竹に当たってカーンと音を立てました。香厳禅師はその音を聞いて大悟したというのです。お師匠さんも「よくやった」と認めてくれました。

これが「香厳撃竹《きょうげんげきちく》」という話です。

ポイントは、大悟は突然やってくること。ただし、ろくに修行もしないのに大悟するということはなくて、その前に小さな悟りの積み重ねがあるのです。

天龍寺（京都）や瑞泉寺（鎌倉）の庭園で有名な夢窓疎石《むそうそせき》（夢窓国師）もそうですね。鎌倉時代末から室町時代初期に活躍した夢窓疎石は、若いころ、各地を旅して小さな悟りを積み重ねるうち、常陸国《ひたちのくに》で修行中に大悟を得ています。

伝わっている話によると、ある夜、囲炉裏《いろり》で火を焚《た》いて暖を取ろうとして、うっかり転んで頭を壁にぶつけてしまいました。ぶつけた瞬間、「あっ、痛い」と思ったそのときに大悟がきたそうです。悟った内容は、お師匠さんに報告して承認されました。

一休禅師の大悟の話も有名です。『一休和尚年譜《いっきゅうおしょうねんぷ》』という弟子が編纂した記録によると、**一休さんは27歳のとき、夏の夜にカラスが鳴くのを聴いて悟りを開きました。**

このことを師の華叟宗曇《かそうそうどん》に伝えたところ、「おまえの悟りはまだ羅漢《らかん》の境地にとどまっていて、大悟とは言えない」と否定されます。羅漢は煩悩を断ち切った人のことですが、大乗仏教では菩薩《ぼさつ》、すなわち大衆を救済する真の聖者には及ばないと考えられていました。

師に否定されてもひるまなかったところが、一休さんの非凡なところです。「自分の到達した境地が羅漢だというならそれで構わない。もっと上の境地があるとしても、そこまで行こうとは思わない」と食い下がったのです。逆説的な言い方ですが、一休さんには羅漢の境地を超えているという確信がありました。

心配するな、大丈夫、なんとかなる

この返答に感心した師の華叟和尚は、「それでこそ真の悟りだ」と言って大悟を認めました。

『一休和尚年譜』には、一休さんが大悟して詠んだ漢詩（偈頌《げじゅ》）が記されています。

十年以前識情《しきじょう》の心、瞋恚豪機《しんいごうき》即今《そっこん》に在り。鴉《からす》は咲《わら》う出塵《しゅつじん》の羅漢果《らかんか》、昭陽日影玉顔《しょうようにちえいぎょくがん》の吟

「十年来、我執《がしゅう》や怒り、傲慢な心にまみれてきたが、煩悩を捨て去って大悟した。羅漢の悟りにすぎないとカラスは笑うが、照り輝く日光の下、晴れやかな顔で詩を吟じている」

意味はだいたいこんなところでしょうか。

不思議といえば不思議で、大悟はある日突然、ドーンとくるのです。何と表現していいかわからない世界で、喜びが心の奥底からこみ上げてきて、いてもたってもいられなくなるといいます。体験した人は思わず大笑いして「これか」と得心するのだぞうです。禅の修行に打ち込む人は皆んなその世界を体験したくて修行しています。

これと似たことは一般の社会でもあります。「悟り」を〝気付き〟ととらえれば、出口の見えない複雑な仕事や課題と格闘しているさなかにも、「小さな悟り」はちょくちょく経験するはずです。それを手掛かりに努力を続けていると、あるとき、もやもやした霧が晴れて、急に視界が一望の下に開けたりするのです。

「大悟」に匹敵するような、とてつもないひらめきやアイデアが突然、降ってくることもあるかもしれません。その瞬間は、風呂に入っているときだったり、散歩しているときだったり、夢を見ているときだったりと、人それぞれです。

心配するな、大丈夫、なんとかなる

そこまで頑張らなくてもいいんじゃない？

縁日などでお馴染みの置物、ダルマさんの由来をご存じですか？

ダルマという呼び名は禅宗の創始者（開祖）である達磨大師《だるまだいし》からきています。5世紀から6世紀にかけて活躍した和尚で、インドから中国に渡ってきました。そのころの中国に禅はなく、達磨大師はひたすら坐禅を組んでいたそうです。

中国では、「なんだか変わった和尚がインドから来たけど、何もしないでただ座っているらしい」とうわさになります。ダルマさんは、達磨大師が「手も足ももうなくなってしまったんじゃないか」と言われるほど坐禅三昧《ざんまい》だったことにちなんだもの。「面壁九年《めんぺき》」という言葉もここからきていて、壁に向かって9年間も坐禅を続けたと伝わっています。

坐禅によって自分を見つめ直し、「本来の自己」を発見していくのは禅の大事な修行の一つです。とはいえ、いくら何でも9年は長すぎるだろうと言った禅僧がいます。

それが一休さんです。

九年まで坐禅するこそ地獄なれ
虚空《こくう》の土となれるその身を
『一休骸骨《いっきゅうがいこつ》』

意味は、「9年間も坐禅をするなんて地獄の苦しみだ。どうせ死ねば最後は土にかえっていくのに」。一休さんは禅宗の開祖に苦言を呈《てい》して、「そこまでしたくないよ」と言っているわけです。

「百尺竿頭進一歩（ひゃくしゃくかんとうにいっぽをすすむ）」という禅語があります。尺は長さの単位で、中国と日本では多少異なり、時代によっても差がありますが、約30センチメートルです。すると百尺は約30メートルになります。実際には長さはどうでもよくて、長い竿《さお》の先端まで登り切ったらそこから更にもう一歩進め、というのが直訳です。

竿の先端まで行ったのに、その先に行こうすれば落ちてしまいますが、「落ちても

心配するな、大丈夫、なんとかなる

いいんだよ。それでも先に行きなさい」と促《うなが》しています。どういうことでしょうか。「**頂点を極めたと思っても、そこが終わりではない。完全というものはない」と教えているのです。**

人間の生き方、考え方、技術などは、常に余白の部分があり、ここまで行けば終点だ、完全だという限界はないというのが禅の考え方です。

この思想は日本人に深く浸透して、国民性のレベルにまで高められています。芸能の世界でもモノ作りの分野でも、どこまで行っても終わりがないと考える人がほとんどです。人間国宝のような芸の極致、技術の極致を極めたと思われる方が、「まだ極めたとは言えない。まだわからないことがある」とか「生涯最高の作品を作るのはこれからだ」などと語るのを聞いて、驚かされたことが一度や二度ではありません。

「完全ではなく不完全であれ」

そう考えることで到達点というものがなくなるのです。

日本人は「さらにもう一歩。もっと先へ」という意識が非常に強い。

でも、一休さんは「そこまで頑張らなくてもいいんじゃない？　そんなに無理しな

くてもいいよ」と言ったのでした。

確かに、「もっと先へ」という意識が染みついていると、時と場合によっては疲れてしまいます。日本では、過労死するほど働きづめに働く人が多く、働き方改革は緒に就いたばかりです。

この際、一休さんの言葉に耳を傾けてみたらどうでしょう。何事も過ぎたるは及ばざるが如しです。

一皮むけば皆んな骸骨だ

小僧時代の頓智と並んで有名な一休伝説に、正月に市中を歩き回って髑髏《どくろ》（しゃれこうべ、骸骨《がいこつ》）を見せびらかした話があります。

江戸時代に書かれた『一休咄』によると、一休さんはよりによって元日の朝、墓場で拾った髑髏を竹の先に刺して洛中（京都の市中）の家々を回り、「ご用心、ご用心」と言いながら髑髏を突き出して人々を気味悪がらせたそうです。

この突拍子もない行動に驚いた人が、正月は皆んなで祝い喜ぶのが世の習いなのに、なぜそんなことをするのかと問うと、一休さんは「拙僧もお祝いで髑髏をお前さん方に見せている。髑髏ほどめでたいものはない。目の出ていた穴だけが残ったのを目でたいと言うのだ」と答えて、これを聞いた人たちを絶句させました。

次の歌はそのときに詠んだもの。

にくげなきこのしゃれこうべあなかしこ
目出度《めでた》くかしくこれよりはなし

「この骸骨ほどありがたく、めでたく、畏《おそ》れ多いものはない」と歌っています。「にくげなき」は、「肉毛なき」と「憎げなき」の二つが考えられ、どちらの意味にとってもよさそうです。

ここで一休さんは、「正月だろうと何だろうと、人間、最後はこの姿になるんだ。皆んな、わかってるのかい?」と遠慮容赦のない言葉を投げかけます。

立派な衣服を身に着け、社会的地位や名誉で自分を飾ったところで、そんなものには価値がない。死は全ての人に平等に訪れ、最後は骸骨になる運命を免《まぬが》れない、と言っているのです。

私たちは普段は仕事に追われているか、食べていくために必死で働いていて、あまりそういうことは考えません。生活に余裕のある人なら、趣味や遊びや旅行などを楽しむことに忙しく、なおさら骸骨を思い浮かべることはないでしょう。

心配するな、大丈夫、なんとかなる

でも、それでいいのでしょうか。

現代社会の生活では、どこそこの会社の社長だ、専務だという肩書や地位など、その人そのものではない付随的なものに左右されがちです。「あの人は有名な芸能人だ」「一流企業の正社員だ」「中央官庁に勤めている」「国会議員だ」等々の、外面的な情報に振り回されてしまう。

多くの人がそういう余計なものを身にまとっているので、「この人は本当はどういう人間なの？」という本質が見えにくくなっています。

そのため、皆んな色眼鏡をかけて人を見るようになります。人に対しての接し方や立ち居振る舞いも、妙に卑屈になったり、必要以上に媚《こ》びを売ったり、逆に自分が立派な肩書を持っている場合は、そうでない者を見下したり、ぞんざいに扱ったりするようになる。自分が偉くなったように錯覚してしまうのですね。

一休さんは絶対にそういうことをしない人でした。一休さんは大悟したとき、お師匠さんの華叟宗曇《かそうそうどん》から大悟（開悟）を証明する印可状《いんかじょう》を与えられますが、これを受け取らなかった人です。

印可状は、大悟が決して独りよがりのものではないことを証明する大事な証書です。その受け取り拒否は、前代未聞の珍事でした。華叟和尚は仕方なく印可状を人に託すのですが、一休さんは最後まで受け取らなかったと言われています。

人を外面で判断する愚かさをバッサリ切って捨てたのが一休さんです。大勢の人が「めでたい、楽しい」と浮かれている正月だからこそ、「一皮むけば皆んな骸骨だ、今威張っている者も最後は皆んなこうなるんだ」と人間の本質を見せつけたのでした。何のことはない、あなたも私も同じ骸骨じゃないか、と。

私たちも誰であろうと関係なく、対等な立場で接することができるはずです。地位や名誉や立場などをひけらかしている人に臆《おく》する必要は全くないのです。

第2章

今この瞬間を生き切る

一休さんの禅的思考——先行きに不安を感じたとき

明日がまたやってくる保証はなし

アメリカ建国の父の一人でベンジャミン・フランクリンは、「今日できることを明日まで延ばすな」（Never leave that till tomorrow which you can do today.）という名言を残しています。

仕事にせよ何にせよ、限られた時間を有効に使って最大の成果を得ようという、いかにもアメリカ人らしい合理主義精神に富んだ言葉です。

実行すれば生産性の向上につながるので、ビジネスパーソンの中には座右の銘にしている人もいるのではないでしょうか。

日本にも同じような言葉（歌）がありますが、フランクリンとは異なり、背景にあるのは諸行《しょぎょう》無《む》常《じょう》の仏教的な価値観や禅の精神です。『田舎《いなか》一休《いっきゅう》狂歌《きょうか》噺《ばなし》』に載っている次の歌はその一つで、江戸時代に制作された『親鸞聖人《しんらんしょうにん》絵詞伝《えことばでん》』にも親鸞聖人が9歳で出家する際に詠んだというほぼ同じ歌が記されています。

今この瞬間を生き切る

明日あると思う心はあだ桜
夜半《よわ》は嵐の吹かぬものかは

「明日も桜の花は咲くだろうと思っていても、夜中に大風が吹いて散ってしまうかもしれない」
明日がやってくる保証はないのだから、できることは今日のうちに、ということです。

一休さんではありませんが、昔、毎日夜になったら就寝前に自分のお葬式をするという和尚がいました。

今日の自分は今日一日でおしまい。今日はもう終わったから自分のお葬式をして休む。明日はまた新しい自分の一日が始まるので、気持ちをリセットして新しく生きる。要は、終わったことはもう変えようがないので、死んだのと同じだという位置付けです。それを毎晩、亡くなるまで続けたそうです。

凄い人がいるものですね。「今日の私は死んだ。また明日新しく生まれ変わるんだ」と考えて、毎日それを繰り返したというのですから胸を打たれます。

普通の人はどうしても、一晩寝れば今日と同じ明日がまたやってくるという意識になりがちです。でも、そうではないんだ、今日と明日は全く別物なんだということを、この和尚は教えてくれています。

こういう意識を持つことはとても大事で、そもそも私たちが明日の朝も同じように目が覚めるという保証はありません。「夜半の嵐」にさらわれて、ひょっとしたら目が覚めないかもしれない。

逆に言うと、目が覚めたということは、それだけでもとてもありがたいこと。朝はそういう感謝の気持ちで出発するのが本来のあり方だと思います。

仏様にお任せしている命だから明日はあるかもしれないし、ないかもしれない。ただ、あれば運が良かったと思って与えられた一日を必死に生きるだけだ。これが禅の考え方です。

つい先日、北海道にJアラート（全国瞬時警報システム）が発出されたときは驚き

今この瞬間を生き切る

ました。北朝鮮が予告なしに弾道ミサイルを発射したこともさることながら、Ｊアラートは「午前８時ごろ北海道周辺に落下するとみられる」と告げていたからです。テレビ放送は「どこか堅固な建物か地下に入ってください！」に盛んに言っていましたが、Ｊアラートが流れたのが午前７時55分です。推定落下時刻の「午前８時ごろ」まで５分前後しかなく、「木造の建物にいる人はどうすればいいんだろう⁉」と思ったものです。

結果的に北海道周辺に着弾することはなく、首都圏に住む私も安堵《あんど》の胸をなで下ろしました。しかし、今後同じようなことが起きた場合、もし自衛隊が迎撃できなければ、人的被害が発生する可能性もゼロではありません。北朝鮮がいきなり日本めがけてミサイルを撃ち込むとは考えにくいですが、日本列島の上空を飛んだ弾道ミサイルが故障で落下してくるようなケースは想定しておく必要があるでしょう。

「まさかそんなことが」と思うことが起きるのが現実の世の中です。それは昔も今も同じで、「明日あると思う心はあだ桜」と詠んだ一休さんは、そのことがわかっていたのです。

目標がないから自由に生きられる

目標を持つのは大事なこと。目標がないと、人はどうしても楽な道を選んでしまいます。やることがなく何をしていいのかわからないため、ついだらけてしまい、自己投資をして実力を高めることにも関心が向きません。

短期では週の初め、月の初めに目標を立て、中期では一年の初めに目標を立てる。こういうやり方をしていると、自然と時間を管理して有効に使うようになり、ダラダラすることがなくなります。

「いつまでにこれとこれをやるんだ」という目標があれば、周りに流されることもありません。仕事帰りに飲みに誘われても、「今日は夜、英会話の勉強をする日だ」と決めておけば、断っても負い目を感じなくて済みます。

もちろん、同僚や仲間との付き合いは大切ですから、「飲みに行くのは月に何回まで」と決めて、そのときは心ゆくまで飲むようにすれば仲間外れにされることもない

今この瞬間を生き切る

でしょう。

「20代のうちにこれだけはやっておこう。30代はこれをやって40代では……」などと長期の視点で人生設計をするのも楽しいものです。長期の目標を立てようとしたら、自分はこの人生で何をしたいのか、どういう人間になりたいのか、といったことを嫌でも考えざるを得ません。それがいいのです。

成り行き任せで何となく生きるには人の一生は短すぎます。後で「あのとき、あれをしておけばよかった。無理してでもあれをやっておくべきだった」と悔いるのは、できれば避けたいもの。目標を立てる習慣を付けておくと、少なくとも後悔する回数は減らせるはずです。

ただし、目標にこだわりすぎるのはかえってマイナスです。目標を立てるのは、より良い仕事をし、有意義な人生を送るための手段です。目標に縛られ、目標の奴隷になってしまっては本末転倒です。目標達成の邪魔になるからとあれも駄目、これも駄目と排除して、余計なことは一切しないというのでは、じきに疲れてしまいます。心に余裕がなくなり、仕事や人生を楽しめなくなるのです。

たとえば、社員に厳しいノルマを課す会社の離職率が高いのは、たえず緊張を強いられ、ノルマのことしか考えられなくなり、精神的に参ってしまうからです。いっときならそういう経験をするのも悪くないですが、無理して長く続けるのはどうかと思います。

目標は大事とわかっていても、仕事や人生でどう目標を設定するかという問題は意外と難しく、悩んでいる人は多いかもしれません。

一休さんには、目標がなくても気に病むな、かえって自由に生きられるじゃないかと歌った歌があります。

行末に宿をそこことも定めねば
踏み迷うべき道もなきかな
『一休骸骨』

「これからさき、何処に宿をとるとも、まったく決めていないのだから、道をまちがえることもありはしない」（柳田聖山訳『一休骸骨』禅文化研究所）

今この瞬間を生き切る

一休さんの真意はどこにあったのでしょうか。

禅僧には何の目標もなく、行く道も定まっていないのかといえば、決してそんなことはありません。こういう方向へ進みたいという大きな目標は定めています。右へ行こうか、左へ行こうか、まっすぐ行こうかというときに、私が行くのはまっすぐな道だという大きな方向性は定めているのです。

けれども、まっすぐ進んでも、その途中で道はたくさん枝分かれしています。そのときに、右の道は近いし平坦で得かもしれないが、左の道は起伏が激しくて遠回りかもしれない。さあ、どちらか選べとなったら、そこは損得では選ばないですね。どちらかというと、縁がある方を選びます。

前に行った人（先輩やお師匠さん）から「遠回りになるけど左の方がいいよ」と教えられた人は、前の人が左を勧めてくれたから、そちらの方が縁があると考えて左の道を選びます。二者択一を損得で考えないで縁がある方を取るのです。

仕事でも同じです。たとえば、同じタイミングで二つの仕事が舞い込んできた場合、単純にAとBを比較するとAの方が条件がいいかもしれない。損得で考えて仮にAを選んだとしても、仕事は流動的なものですから、やっているうちにだんだん大変になってきて、「予定とだいぶ違ったなぁ」となることもあり得ます。

一方、Bを選んだ場合、初めはあまり乗り気がしなかったけど、思いがけない発見や学びがあって「やってよかった」という結果になることもあるわけです。

つまり、AとBのどちらがいいかはあらかじめ見通せないので、それならば縁のある方を選ぼうということです。**損得勘定よりも縁を結ぶ方が大事と考えるのが禅的な思考法です。**

一見、損のように見えても、一生懸命やっていれば結果は付いてくるもの。最終的に、「最初は得だと思えたプロジェクトよりも、こっちをやってよかったね」ということになることもたくさんあるのです。仕事はやっているうちにどんどん変わっていくという経験をこれまで何度もしてきました。初めから条件や損得だけで物事を選ばないほうがいいと私は考えています。

一休さんも同じ禅僧ですから、大きな目標や指針は当然持っていたと思います。ただ、事細かく目標を決めるとそれに縛られてしまうので、そういうことはしないほう

がいいと言っています。

一休さんにも夢はあるのです。夢を思い描きながら縁に従って自由に生きていく。それが大切だと言っているのではないでしょうか。

「推し」は自分の中にあるんだよ

低成長時代が続いたせいか、最近は「人生に希望が持てない」「食べるために働いているだけでちっとも面白くない」と漏らす人が増えたようです。これでは充実した人生を生きているとは言えません。どうしたらいいのでしょうか。

一つの解決策は、小さかったころのことを思い出してみることです。子どものときに夢中になったものは大人になっても好きなことが多く、簡単には忘れないものです。プラモデル作りに没頭したとか、外で暗くなるまで野球をやったとか、人それぞれだと思いますが、時間を忘れて夢中になってやったものは、懐かしい手触りの感覚のようなものがどこかに残っています。

子どものころのことですから、プロを目指した人や強豪校のクラブに入った人を除けば、多くの人は「もっとやりたかった」「中途半端に終わってしまった」という不完全燃焼感があると思います。

今この瞬間を生き切る

そういうものを思い出してみて、「自分はこういうのをすごく好きだったなぁ」と思えたら、もう一度チャレンジしてみたらどうでしょう。自分の自由にできる時間をやり繰りして作り、そこでやってみるのです。

職場や地域の社会人野球チームに入って活動したり、中学、高校と吹奏楽をやっていた人なら、楽器をやっていた人たちを探して職場で室内合奏団を作ったり、既にある吹奏楽団に入ったりと、その気になればできることはいろいろあるはずです。

職場で何かするのは大きな組織でないと難しいかもしれませんが、地域では文化系や体育系のミニサークルがたくさん活動しています。そういうところの門を叩いて、地元の仲間と一緒に活動するのもいいかもしれません。

近年、規制緩和で副業ができるようになったので、自分の得意なことを活かして何かやってみるのもいいと思います。写真撮影が好きな人だったら、腕を磨いて休日は撮影に出かけ、仕上げた作品を専門サイトでオンライン販売すれば報酬が発生します。今は購入した写真をＳＮＳのアイコンに使うようなことも行われていて、写真の用途は広がっています。自分の作品を買ってくれる人が出てくれれば励みになるでしょう。

副業もいいけど本業がつまらなくて困っている。これを何とかしたいという人は、転職を考えているのでなければ、「置かれた場所で咲きなさい」（シスター渡辺和子さん）の精神で取り組むのが最善の方法です。

仕事がつまらないといっても、ほとんどの人は就活のとき、給与や福利厚生、仕事内容、転勤があるかないかなど、いろいろな条件で絞り込んで就職先を選んでいます。自分の希望とかけ離れた会社に入ったとか、自分の大嫌いな仕事をやらされているとか、そういうことは少ないはずです。

文系の人がいきなり理系の仕事に就く、あるいは理系の人が文系に行くということはあまりなくて、やはりある程度は自分の好きな方向に行っていると考えられます。それでも自分が思い描いていたことがなかなかできないのは、仕方のない面もあるのです。組織を動かしていくためには、構成員の全員に好きなことをさせるわけにはいかないからです。嫌な仕事、面倒な仕事も、誰かが引き受けることで組織運営が可能になるのです。

そう考えたら、つまらないと愚痴《ぐち》をこぼすのはやめて、少しでも仕事が面白くなる

今この瞬間を生き切る

ように工夫しようではありませんか。仕事のやり方に自分の流儀を取り入れるなどして、仕事そのものを自分の色に染めていけばいい。これはどんな組織にいてもできることです。そして、これができると仕事は俄然《がぜん》、面白くなってきます。

もう一つ、気持ちの持ち方も重要です。上司から言われてやる、させられていると思うと、いつになっても仕事は面白くなりません。思い切って気持ちを切り替えてみること。たとえつまらないと思う仕事でも、それをやることで会社からお給料をいただけるのです。どうせなら、「誰よりもその仕事について詳しくなってやろう」と思ってやってみたらどうでしょうか。

「これは自分にしかできない仕事なんだ」と自分に言い聞かせてみるのも一つの方法です。思うだけならタダですし、誰からも文句は言われません。

そうやって主体的に取り組むことができるようになれば、仕事が楽しくなるだけでなく、気が付いたら自分の天職になっているかもしれません。禅ではこれを「主人公」と言っています。

主人公という言葉は、映画やドラマで当たり前のように使われていますが、元は禅

語です。物事に対して主体となって取り組む人のことをいい、禅の世界では今でも大事にされている言葉です。

さだまさしさんの有名な楽曲に、そのものズバリ「主人公」という歌がありますね。歌詞もメロディーも素晴らしくて、これまでこの歌にどれほど多くの人が勇気づけられ、背中を押されてきたかわかりません。さださんには、どこかで禅的な気付きがあったのではないかと私は勝手に想像しています。

禅語には「随処作主　立処皆真」（ずいしょにしゅとなれば　りっしょみなしんなり）という言葉もあります。その意味は、「その場その場で自ら主人公になれば、至るところに真理は現れてくる」です。

これを少し広義にとらえると、**「自分が主人公になって必死に取り組んでいけば、その仕事において自分は必要不可欠な存在になれる」**と解釈することができるでしょう。

ところで、このごろ巷《ちまた》で流行《はや》りものの一つに、「推し活」があります。気に入った人、優れた人を見つけて応援するのは、心がときめき、ワクワクするような貴重な体験でしょう。

今この瞬間を生き切る

ただ、ここで忘れてほしくないのは、自分もまた望めば輝くことができるということです。「自分にできないことをあの人がやってくれているんだ」と、他人を応援することにとどまらず、「自分だって主人公になれるんだ」と一念発起《いちねんほっき》して、自分の生活や人生を主体的に切り開いてみてはどうでしょうか？

私たちは人の人生を生きるのではなく自分の人生を生きるのですから、自分が自らの人生の主体となり、困難を乗り越え、壁をぶち破り、目標に向かってまっすぐ生きていけば、誰もが主人公なのです。

本来の面目坊《めんもくぼう》が立ち姿

一目見しより恋とこそなれ

『一休咄』

「本来の面目」は人が生まれながらに持っている一点の曇りもない美しい仏性のこと。それは自分自身の中にあり、その立ち姿を見つけたら一目惚《ひとめぼ》れして恋い焦がれるようになる、と一休さんは歌っています。「推し」は、自分の中にあるのです。

一日を無事に過ごせたらこれほど幸せなことはない

「ただ生きるということではなくて、よく生きるということが、大事とされなければならない」（『クリトン』田中美知太郎訳）と言ったのは古代ギリシャの哲人ソクラテスですが、この有名な言葉には疑問も投げかけられてきました。ただ生きているだけではいけないのか？　という疑問です。

これに対しては、生きているだけで十分だと答えることができます。生きていることは、ただもうそれだけで素晴らしいことです。生を否定したら、何のために人間に生まれてきたのかわかりません。生を与えられたからには、生きなければならない。生きることは喩《たと》えようもなく尊く、かけがえのないことです。

他方、そのことはしっかりと押さえた上で、現実に人間が社会を作って生きていく以上、ただ生きるということではなく、よく生きることが大事ではないかとソクラテスは考えたのでした。

今この瞬間を生き切る

というのも、生きてさえいれば何をしてもいいということにはならないからです。他人のものを盗んだり、犯罪を行ったりすることは、やはり許されないでしょう。生きる上では、どうしても行為の良し悪しを考えざるを得ないのです。

万能《まんのう》にかなわずとても己《おの》が身に
その日の無事をすることを知れ
『一休蜷川続編狂歌問答《いっきゅうにながわぞくへんきょうかもんどう》』

「万能」は、万事に優れていること。それが「かなわず」とあるように、世の中に何でもできる人はいません。それでも「その日の無事をすることを知れ」で、その日その日が無事に過ごせたということは、これほど幸せなことはないと一休和尚は歌っています。

現代人が科学や技術を駆使していくら頑張ってもマルチな人間になるのは不可能です。だから非力だということではなくて、誰しもこれだけは人に負けないとか、何十年も続けてきたので卓越しているとか、何かしら優れたものを持っているはずで、それはその人にとっての宝物です。

日々同じことを繰り返しながらそういうものを大事にして、その日一日を無事に過ごすことができたらとても幸せなことだと知って感謝しなさい。これが一休さんの言いたいことではなかったかと思うのです。

ささやかなことでいいのです。たとえば、包丁を研《と》ぐことにかけては誰にも負けないという人が包丁を研ぎ、それを使ってくれた人に「あなたが研いでくれた包丁はいつまでも切れ味がよくて最高」と言われたら、心から幸せな気持ちになれますよね。その一言で、その日必死に包丁を研いだ甲斐があったなと思えるに違いありません。

何でもいいから一つのことをずっと続けて、それに打ち込んで一日を終えられたら、ありがたいという感謝の気持ちが持てるのではないでしょうか。

明日のために今日を台無しにしない

Ａさんはチームの責任者としてプレゼンをすることが決まっていて、数週間かけて仲間や関係者と話し合いを重ね、準備をしてきました。明日はいよいよ企画会議の日、プレゼン本番の日です。「この内容ならいけるんじゃないか」と手応えを感じる一方、競争相手を上回る評価を得られるという自信はありません。

「大勢の前で堂々と自信を持って話せるだろうか？」

「途中でつっかえてしまったらどうしよう」

「皆んなが反応してくれなかったら……」

不安が募《つの》って落ち着かず、ルーティンワークもおろそかになり、気が付いたら日が暮れていました。

これと同じような経験をされた人もいると思います。次はそんな人にぴったりの一休さんの歌です。

明日という心にものをさぐられて
今日もむなしく暮れ果てにけり
『田舎一休狂歌噺』

明日のことを、ああでもない、こうでもないと思い悩んでいると、今日一日虚しく暮れてしまうぞと戒《いまし》めています。

明日のことはまだ起こっていないことなので、考えれば考えるほど不安が増すものです。そんなときに「心配だ。どうしよう」と焦ったところで仕方がないわけで、それならむしろ人前でしゃべる練習をするとか、模擬プレゼンをやって人の意見を聞くとか、そういう生産的なことに時間を使って明日に備えるほうが今を生きることになります。

つっかえそうな箇所を繰り返し練習する、使えそうなジョークをいくつか用意する、といったことも自信につながります。

禅語に「懈怠比丘　不期明日」（けだいのびく　みょうにちをきせず）という言葉

今この瞬間を生き切る

があります。懈怠は怠け者のこと。懈怠の比丘は、この場合、大徳寺の清巌《せいがん》和尚です。

茶道の世界では三千家《さんせんけ》（表千家、裏千家、武者小路千家《むしゃこうじせんけ》）が有名なことはご存じですね。千利休の孫にあたる千宗旦《せんのそうたん》が三男に家督《かとく》を譲って隠居した際、屋敷の裏の隠居所に引っ込みました。家督を継いだ三男が表千家を継承し、宗旦の隠居所を宗旦亡き後に四男が引き継いだのが裏千家の始まりです。

千宗旦は隠居所に茶室を造ると、「（お茶の）席披《せきびら》きをするのでお越しください」と大徳寺の清巌《せいがん》和尚を招待しました。約束の日時を決めて和尚に伝え、当日待っていたところ、何かの事情で和尚が遅れたのです。

待ちくたびれた宗旦は、「ちょっと用事があるから、また明日おいでいただきたいとお伝えするように」と弟子に指示して外出します。

遅れてやってきた清巌和尚は、宗旦の伝言を聞くやいなや、茶室の腰張りといって壁の下の方の和紙を貼ったところに「懈怠比丘不期明日」と書いて帰りました。

「私は怠け者和尚だから明日のことなんか一切わからない。そんな約束はできないよ」という意味です。戻ってきた宗旦はそれを見て、慌てて清巌和尚を呼びに行ったという話です。

このことがあって千宗旦は、「明日ではなくて今日だ」という自戒を込めて茶室を「今日庵《こんにちあん》」と名付けました。明日のことを考えるよりも、まず今日だ、今日が大事だと気が付いたわけです。

裏千家のことを今日庵とも呼ぶのは、この逸話があるからです。

今この瞬間を生き切る

普通に歩道を歩いていただけなのに、急に車が突っ込んできて亡くなった。「相手は誰でもよかった」とうそぶく通り魔に襲われ命を失った。激務のため病院に行く時間が取れず、やっと休みが取れて診察を受けたら手遅れのガンだった——。

平和で安全、先進的な文明国の日本でも、「人はいつ死ぬかわからない」という現実は誰も動かすことができません。

私たちはよく冗談めかして「10分後には死んでいるかもしれないな」などと言います。それは冗談ではなく、本当にそうなのです。もっと言えば、10秒後があるかどうかさえわからない。確実なのは今しかない。

「一息《いっそく》に生きる」という禅語があります。過去を振り返ってくよくよしたり、未来のことで思い煩《わずら》ったりしないで、今を大事に生きなさいというのが禅の教えです。

道元禅師《どうげんぜんじ》は、このことを薪《たきぎ》と灰に喩えて、『正法眼蔵《しょうぼうげんぞう》』（現成公案《げんじょうこうあん》の巻）に「前後際《ぜんごさい》断《だん》」という言葉を残されました。

通常、薪が燃えて灰になると考えます。これを私たちの人生に当てはめると、今生きている人生の延長線上に死があるという解釈になります。しかし、禅では違ったとらえ方をします。

薪が燃えて灰になっても、その灰は元の薪に戻ることはありません。薪は薪としての法位《ほうい》（存在のあり方）があり、薪として完結しています。灰もまた灰としての法位があり、それ自体で完結しているのです。薪と灰で前後はあるけれども、前と後は切れているんだ、前後際断だと道元禅師は考えました。

つまり、**生と死、前と後は切れていて、それぞれ別のものだという考え方です。生きている延長線上にやがて死が来ると考えるのではなく、最後の死が来る寸前まで生き切って、死が来たらそのときはもう死として受け止めて死に切ればいい。生きている間は今この瞬間を生き切れ、と。**

禅には、これに類する言葉がいくつもあります。たとえば「而今《にこん》」。ただの今ということで、今この瞬間を生きることの重要性を説いた言葉です。

今この瞬間を生き切る

また、「即今《そっこん》　当処《とうしょ》　自己《じこ》」は、「今ここで私が」という意味です。「即今」は今、「当処」はここ、「自己」は私ですね。今ここで私が生きなければ、いつ生きるんですか？　と問うています。生きるべきときは今であって10分後ではないのです。

次の一休さんの歌にも禅の考え方が見て取れます。

露と消えまぼろしときゆ稲妻《いなづま》の
影のごとくに身は思うべし

『一休《いっきゅう》和尚《おしょう》法語《ほうご》』

「朝露のようにすぐに消えてしまい、きらめいたと思ったら幻のように消えうせる稲妻のような存在。それが人間だと思って今を大事に生きよう」

ちなみに「影」は光のこと。はかない命と嘆いているように見えて、だからこそ今この瞬間の生を輝かせ、全力で生きよと叱咤《しった》しています。

人の命ははかないものです。確実なのは今しかないし、一人ひとりの死は「定命《じょうみょう》」といって、生まれたときから定まっていると仏教的には考えられています。

燃え続ける蠟燭《ろうそく》のように蠟が溶けてなくなるまで長く生きる人もいれば、事故や病気など、途中で風が吹いて火が消えるようにパタッと亡くなる人もいます。

もともと定まった命というものがその人にはあって、ただ誰にもわからないだけです。どうなるかは人それぞれ。一生が短かったから不幸で、長かったから幸せなのかといえば、そんなことはありません。短くてもいろいろなことに挑戦して充実した毎日を送った人は幸せだったと思います。

結果を求めたら執着心が生まれる

仏教にはさまざまな宗派があり、死後、極楽浄土に生まれて仏になることを願う宗派もあれば、生きているうちに仏になることを願う宗派もあります。禅宗は後者に属し、その思想の核心は、いわゆる即身成仏《そくしんじょうぶつ》です。

『一休《いっきゅう》蜷川《にながわ》続編《ぞくへん》狂歌《きょうか》問答《もんどう》』に出てくる次の歌は、即身成仏の思想をストレートに詠んでいてとても印象的です。

死んでから仏になるはいらぬもの
**　生きたるうちによき人になれ**

誤解を恐れずに言えば、**死んでから仏になるのは誰でもなれますが、いま仏になる、あるいは生きている間に仏になるのは、決して簡単ではありません。でも、それを目**

指しましょう、と一休禅師は言っています。

一休さんには、「私はもうその境地に達したぞ」という確信がありました。自分はもう大悟《だいご》して本具《ほんぐ》（本来備わっているという意味）の仏性、自分の中にある一点の曇りもない美しい心に出会った。皆んなも死んでから仏になるのではなくて、生きているうちに本具の仏性に出会い、仏の心で人々に寄り添って生きる生き方をしようじゃないか。そう呼びかけています。

坐禅という漢字は、最近は「まだれ」を付けて座禅と書くことが多いですが、まだれがないのが正しい表記です。昔は建物の中ではなく、深山幽谷《しんざんゆうこく》に分け入って樹下石上《じゅげせきじょう》、つまり樹の下や石の上で坐禅をしたのでまだれを付けませんでした。それが次第に建物の中でするようになり、いつの間にかまだれを付けて座禅と書くようになったのです。

今でも、正式には坐禅と書きます。これがなぜ重要かというと、坐禅の坐は「人」を並べて書いてその下に「土」です。ここには二人の人がいて、片方の人が今の自分を表し、もう片方の人は「本来の自己」、すなわち一点の曇りもない美しい心を持った本来の自分を表します。この二人が、土（石）の上にどっかり座って問答するのが坐禅だと、この漢字は教えてくれるのです。

今の自分が「本来の自己」と向き合って、こういう生き方でいいのか、こういう考え方で進んでいいのかと問答したり、「本来の自己」に寄り添った生き方をしているのかと今の自分を見つめ直したりする。それが坐禅の原点とも言えるあり方です。

ただ、気を付けなければいけないのは、**坐禅は何か具体的な気付きを得るための修行ではないということです。「何々のために」という効果を期待して行えば、そこに執着心が生じます。**

ただひたすら坐禅をしていると、結果として気付きが与えられるのです。坐禅をしながら「こうなりたい。ああなりたい」と期待するのではなく、坐禅をしている姿そのものが執着を離れた悟りの姿になっている、というのが禅のあり方です。

「何々のために」とか「悟りを得るために」といった御利益《ごりやく》を期待して行う坐禅は、邪念が入っているため邪禅《じゃぜん》と呼ばれています。

海外では今、マインドフルネスがもてはやされていて、日本でも盛んになってきました。このマインドフルネスは禅から分かれた分家ですが、実は邪禅に陥りやすいという問題を抱えています。

マインドフルネスの創始者は、ジョン・カバット・ジンというマサチューセッツ大学の医学部の先生です。彼は若いころから坐禅を続けるうちに、「坐禅をすると心身にいい影響がある」と気が付きました。そこで、この心身への影響を科学的に検証したところ、確かに一定の効果が認められたのです。

この結果を踏まえてジョン・カバット・ジンは同大学にマインドフルネス・センターを創設しました。1979年のことです。

ところが、この時点で東洋の禅が西洋的に改変されてしまいました。本来の禅のままでは受け入れられにくいという事情があったのかもしれません。マインドフルネスは、足を組んで座るだけでなく、横になる（仰向《あおむ》けになる）、イスに腰掛けるなど、坐禅本来の形にこだわらない瞑想法としてアメリカ社会に紹介されます。

また、これを実践すると体の血行が良くなる、リラックスしているときに認められるアルファ波（脳波の一種）が出る、セロトニンが分泌されて脳の活動が活発化し、

今この瞬間を生き切る

心が穏やかになる、といったさまざまな効果が報告されるようになりました。

これらの心身に与える効果が注目されて、グーグル、アップル、マイクロソフトなど巨大ＩＴ企業が社員の心身のケアやメンタルトレーニングにマインドフルネスを導入したところ、一大ブームとなって全米に広がっていきました。

基本的な考え方は、坐禅（瞑想）をすればこんなにいい効果が得られる、だから坐禅をしましょう、というものです。まるで健康法の一種のようなとらえ方で、日本の禅とは似て非なるものです。

日本では、結果を求めてやってはいけない、結果は後から付いてくるものと考えます。**結果を求めてやったらそれはもう禅ではないと考えるのです。**そこがマインドフルネスとは全く違います。

そのため、「禅の分家なのに、本来の姿から変わってしまって、どうしたものか」と皆んな困っているのが現状です。禅が広がっていくことはありがたいけれども、ちょっとずれてしまった、マインドフルネスと禅は分けて考えたほうがいい、というのが日本の禅宗の人たちの共通認識になっています。

そのときはそのとき、あのときはあのとき

一休和尚は若いころ、虚心坦懐《きょしんたんかい》に禅の修行に打ち込んだことで知られ、その実像は「頓智《とんち》の一休さん」のイメージとはかなり異なります。師の為謙宗為《いけんそうい》が急逝し、絶望のあまり自殺未遂を起こしたのは、一休さんが21歳のときです。

為謙宗為は師から開悟を証明する印可状を受け取らなかった気骨のある人で、地位や名誉を顧みなかったことから謙翁《けんおう》とも呼ばれていました。この謙翁宗為を深く慕っていたのでしょう、その死に衝撃を受けた一休さんは、意を決して観音信仰が盛んな清水寺を訪れます。京都に住んでいた母親に挨拶をして、その後、琵琶湖に近い石山《いしやま》寺《でら》に向かいました。

石山寺も観音信仰の聖地として有名です。一休さんはここで観音像を参拝すると、琵琶湖の最南端の瀬田川にかかる橋のところまで来て、ついに入水《じゅすい》を決行するのです。『一休和尚年譜』はこのときの一休さんの心の内を、「身を水中に投げて、もし助か

今この瞬間を生き切る

るならば観音の加護によるのであり、そうでないとしても、魚の腹に入っても来世には必ず所志を遂げてみせる、観音が自分を見捨てるはずがない」と記しています。（平凡社東洋文庫、今泉淑夫校注）

もしそのまま誰も制止しなければ、一体どうなっていたでしょうか。幸運にも、心配して後を追ってきたお母さんの使いが入水しようとする一休さんを抱きとめ、命を救ったのでした。

頓智小僧と並ぶ一休さんのもう一つのイメージは、肉や魚を食べ、酒を飲み、遊里に入りびたる破戒僧《はかいそう》というものです。

当時、出家した僧侶は不殺生戒《ふせっしょうかい》、不酤酒戒《ふこしゅかい》、不邪婬戒《ふじゃいんかい》（不貪婬戒《ふとんいんかい》）などの戒律を守るべきものとされていました。ところが、自殺未遂を起こすほど厳しい修行に明け暮れていたはずの一休さんが、いつしか平気で戒律を破るようになりました。

破戒僧という言葉には、出家者にあるまじきとんでもない僧侶という意味もあります。本来なら軽蔑されても仕方のない立場なのに、一休さんはなぜか一般庶民や商人、文化人など幅広い層の人たちから尊敬され、人気を博しました。

これには天皇のご落胤《らくいん》という出自《しゅつじ》も関係があるようです。人々の間に、「一休さんは特別な存在だ、高貴な存在だ」という憧れがあり、少々のことは大目に見ようという寛容な空気があったのです。

また、一休さんも決して堕落して破戒僧になったわけではなく、大悟に至ったのち、戒律にとらわれない自由な境地に達したと考えられます。**形だけ戒律を守っていても、心の中が煩悩《ぼんのう》まみれでは「本来の自己」を取り戻したとは言えません。一休さんは逆で、戒律は破っても、心の中に不変不動の芯のようなものがありました。いつも自分の中に美しい仏性を見ていた。だから時に煩悩に動かされながらも、道を踏み外すようなことはなかった。**そう思うのです。

そのことを示す愉快なエピソードが『一休咄』に載っています。

ある日、春の陽気に誘われたのか檀家《だんか》の奥さんが訪ねてきました。喜んだ一休さんは酒を勧め、自分も飲みながら話し込んでいるうちに日が暮れてしまい、「今夜は泊まっていきなさい」と奥さんを誘います。

夫のある奥さんは丁重に断って帰ろうとしますが、一休さんは「是非とも今夜は泊

今この瞬間を生き切る

まっていかれよ」と袖をつかんで放しません。困惑した奥さんは、なんとか誘いを振り切って家に逃げ帰りました。

「仏のような方だと思っていたのに、悪ふざけが過ぎます」と夫に話したところ、夫は怒るどころか手を打って笑い、「それでこそ仏だ。出家した身で檀家の女房になれなれしく一晩泊まれとはなかなか言えないもの」と感心した様子。ここで夫は意外なことを言うのです。

「一休和尚と枕を共にすれば、今生後世《こんじょうごせ》を通じての救いになる。急いで戻って一晩泊まってきなさい。妬《ねた》んだりしないから」

それならばということで、その奥さんは早速化粧をして一休さんのところへ向かいました。

奥さんが着いたとき、一休さんは既に就寝中でした。驚いて出てきて話を聞いたものの、「もう嫌になりました。先ほどはあなたに惚《ほ》れてしまったけれど、今はそうではない。早くお帰りなさい」と素っ気ない対応。戸を閉めて引っ込んでしまったのです。

奥さんは「恥をかかせないでください」と粘ったけれど、全く相手にされず、すごすごと帰ってきました。

事情を聞いた夫は、「天下の老和尚はこうでなくては。心の動くときは動かし、心が動かなければ何もしない。もう嫌だとは実に明快。流れる水のごとく執着のないお心で潔い。ただ者ではないな」といっそう尊敬するようになったということです。

以上は「一休、旦那の女房に懸想《けそう》し給う事」と題するエピソードです。

もう一つ、これと似た話でウナギの話が今に伝わっています。

一休さんが弟子を連れて街を歩いていたら、どこからかウナギを焼いているいい匂いがして、思わず「ああ、うまそうだ。食べたいな」と言ったそうです。これを聞いた弟子も同じことを考えましたが、そのままその場所を通り過ぎました。

一休さんと一緒に大徳寺へ戻った後、弟子が言います。

「和尚様。先ほどのウナギはほんとにいい匂いがして美味しそうでしたね」

そのとき、一休さんはこう言ったそうです。

「おまえはまだそんなことを言っているのか。わしはウナギをあの場所に置いてきた」

今この瞬間を生き切る

美味しそうなウナギだなと思ったけれども、その場所を離れたらもう忘れているよ。いつまでもひきずっていたら駄目なんだよ、というわけです。

ウナギのいい匂いがすれば、「いいなあ。うまそうだなぁ」と思う。揺れる心は一休さんも同じです。ところが揺れっぱなしではなく、竹のようにスッと元に戻るのです。そこが禅僧らしいところです。

煩悩にまみれた人間はそう簡単に元に戻れないですよね。「いい匂いだ。これはたまらないなぁ」と思うと、その気持ちが抑えられない。必死に我慢して自分の心を偽るようなことになってしまう。

一休和尚は、他のお坊さんと違って女性やウナギに心が動かされたとき、いっそ、その瞬間を楽しんでしまう。でも、一休さんは「わしはあそこに置いてきたぞ」と言って、その場を離れた瞬間、執着する心をポッと放すのです。

心が揺れることは人間だから誰でもあります。揺れる心、迷う心自体は悪くない。問題は、そこでしなやかにスッと元に戻れるかどうか、そういう力を持てるかどうかです。「そのときはそのとき、あのときはあのとき」と割り切ってひきずらない。執

着しないことです。

檀家の奥さんの話も、実はこれと同じです。ちゃんと元に戻れる力を持った一休さんを見て、「さすが天下の老和尚だな」と旦那は思った。そこでオチがつき、禅僧らしい法話になっています。

第3章

あるがままの自分を受け入れる

一休さんの禅的思考——自分に自信が持てないとき

ご縁にこの身を任せてみる

競争社会を生き抜き、勝ち抜いていくためには、自己アピールが重要なことは言うまでもありません。集団の中に埋没して、その他大勢の中の一人になってしまえば、大事な仕事や大きな仕事は任せてもらえないでしょう。

しかし、自己アピールはなかなか難しいものです。自然体でできる人はいいのですが、何とかして自分を認めてもらいたいという気持ちが働くと、自分の肩書や所属、これまでの実績などをことさら強調して、「私が、私が」という意識が強くなりがちです。

一休さんは、この「私が、私が」という思いを捨てなさい、そういうものに頼っていたらうまくいかないよ、自我を強く持ち過ぎるとかえって道に迷うよ、と戒めています。

あるがままの自分を受け入れる

我ありと思う心を捨てよただ
身のうき雲の風にまかせて
『一休骸骨』

下の句の「身のうき雲の風にまかせて」は、生きていれば日々いろいろなご縁があるので、その場の良き縁に身を任せて進んでいきなさい、ということです。

雲は南から風が吹けば北に流れていき、東から風が来れば西に流れていきます。風の強さによってもさまざまに形を変え、いわば変幻自在です。**こういう形でなければいけないとか、ここにとどまっていなければ駄目だとか、絶対に南へ行くんだとか、そういう決まりはないのです。**それでいて雲そのものの本質は失っていません。

一休さんも、禅僧としてこういう生き方をしたいという本質はしっかり持っています。その本質は保った上で、どこからか運ばれてくる縁を上手につかんで、良き縁を結んで生きていくのがいいんだ、と言いたいのでしょう。

「私が、私が」としゃしゃり出るのではなくて、縁というものは自然に来るものだからそれを待っていればいいと考えるのです。

ただ、縁にも良い縁と悪い縁があり、そこはちゃんと見極める必要があります。また、悪い縁を寄せ付けないようにすることも大事です。

まずは自分を省《かえり》みてやましい心がないかどうか。人に迷惑をかけると知りながら今ここでこれをやれば自分が先に行けるとか、儲けることで頭がいっぱいで従業員を使い捨ての駒としか見ていないとか、普段からそんな利己的な考え方をしていると、似たような考えの人が寄ってきます。だましたり蹴落としたりしていれば、「類は友を呼ぶ」でいつしか同類の人が集まってきて、今度は内輪で足の引っ張り合いが始まるのです。

ところが、コツコツ真面目にやっている人のところには、同じような人が来て同じような思いで協力してくれるので、アドバルーンを上げるような大きな話はなくても、確実に一つずつ実績を積み上げていって、やがてそれが高い山になっていくものです。

危険と隣り合わせの面白い話、魅力的な話は、「これもご縁だから」と安易に乗るのは考えものです。昔から、日ごろの生活に隙《すき》があると魔が入りやすいと言われてきました。魔除けというのは、お守りやお札があれば大丈夫ということではなく、日々

あるがままの自分を受け入れる

隙のない生活を送ることが最大の魔除けです。

魔も取り付く島がなければ近寄ってきません。「あの人はこういう話をするとすぐ飛び付いてきそうだな」と思うと来るわけです。また、文字どおり一攫千金《いっかくせんきん》を達成した人や事業が軌道に乗って急成長を遂げた人には、〝お裾分け〟にあずかろうと腹黒い輩《やから》が大勢寄ってきます。そういう意味では、成功した人ほど気を付けなければいけないと思います。そこそこ成功した企業の経営者や幹部クラスの人が、もう十分儲かっているのについ欲を出して、「近々上場し、値上がり確実な未公開株がある」などという話にコロリとだまされてしまうことは珍しいことではありません。

成功者のところには、砂糖に蟻《あり》が群がってくるように、いろいろな人が面白い話を持ち込んできます。そういう人ほど身を慎んで、魔が入らないように気を付けましょう。

貧しくても媚びなければ心は豊かだ

会社組織の中で一番嫌われるのは、上に媚《こ》びへつらい下に威張る中間管理職だとよく聞きます。上の人からは忠実な部下、よく言うことを聞く奴ということで可愛がられます。しかし、下の者にとって、これほど迷惑な存在はないでしょう。

経営幹部と一緒になって部下を責めたり、自分の失敗の責任を部下に押し付ける。自分が下の者に嫌われていることはよく分かっているので、尊大に振る舞うことで自分を大きく見せ、権限をちらつかせて部下たちをコントロールし仕事に駆り立てます。これではやる気をなくしますよね。

こういう人は、媚びることを悪いと思っていないので手に負えませんが、さして能力もないのに組織の中ではそれなりに出世もし、そこそこの地位に就くこともあるようです。

ただ、よほどのことがない限り、大きな仕事を任されたり、重要な役職に就くこと

あるがままの自分を受け入れる

はないはずです。上に媚びへつらい下に威張る人の職場は、おのずと離職率が高くなり、業績も伸び悩むものです。優秀な管理職の下、一人ひとりが創意工夫を凝《こ》らして伸び伸びと働いている部署にはかないません。いずれかの時点でそうした弱点が明るみに出て、出世も頭打ちになるのが普通です。

自ら進んで「社畜」となり、媚びへつらいも処世術と心得ている人はともかくとして、世の中には、媚びることはしたくないのに立場上そうせざるを得ない人がいます。「業績が低迷している。あの人から契約を取れたら一気に挽回《ばんかい》できるぞ。何とか気に入られて仕事をもらってこい」

上司からこんなことを言われたら、あなたならどうしますか？　正攻法で話を持ちかけてもまず聞いてもらえそうにない。相手に気に入られようと思ったら媚びを売るしかなく、媚びを売らなければ契約を取るのは難しい。考えただけでも気が滅入る話です。

企業に勤めていれば、どうしても自分の意思よりも会社の意思の方が上にきます。業績を伸ばして利益を上げなければ企業は存続できませんし、下手をすると自分の生活や暮らしも危うくなります。やむを得ず自分の気持ちを押し殺し、意に反することに目をつぶって仕事をしている人も大勢いることでしょう。

組織に属しているのだから仕方がないと開き直るのも一つの生き方です。他方、人に媚びへつらってまで仕事をしたくないという考え方もあります。あくまで正攻法で、自分が正しいと思うやり方で相手と交渉し、それでうまくいかなかったら責任を取ろうということです。出世や昇進は望めないかもしれませんが、精神的にはこの方が健康的です。

正攻法でいくんだと腹を決めると、案外、思いもよらない知恵を授かって、契約に至る道が開けたりすることもあります。ただし、レアケースかもしれませんが。

へつらいて楽しきよりもへつらわで
貧しき身こそ心安けれ

『一休諸国物語』

人におべっかを使って媚びへつらって楽しくても、自分の心は苦しくなるばかり。

あるがままの自分を受け入れる

そんなことをするよりも、「嫌なものは嫌だ」「いいものはいい」と心に決めて、仮にそれが豊かな生活につながらなくても、少々貧しくたって心は豊かに暮らせるじゃないか。その方がよっぽどいいぞ、と一休さんは言っています。

これは企業社会の利益優先主義、お金の多寡《たか》を価値基準とする考え方とは正反対です。多くの人は、たくさん稼いで、立派な家や高級マンションに住んで、働かなくても遊んで暮らせるほど財産を作った人を尊敬する傾向があります。でも、本当にそれが幸せなんでしょうか？

自分の心にやましいことがなく、自分も喜び人も喜ぶ生き方をして、結果として財をなしたのなら、それは素晴らしいことです。もしそうでないなら、別に尊敬することでもないと私は思っています。

「着の身着のまま」が一番いいんだよ

１９８０年代後半から１９９０年代初めにかけて日本はバブル景気に沸きました。それから30年以上経ち、時代は大きく変わりました。日本経済は長らく低迷を続け、アベノミクスで一時持ち直したかに見えたものの、新型コロナウイルスの感染拡大で再びどん底に落ちてしまいました。

最近、ようやくコロナ禍を脱しましたが、ロシアによるウクライナ侵攻の影響もあって、日本経済の先行きはまだ予断を許さない状況が続いています。

金貯めず物蓄えず惜しがらず
着の身着のままこれが極楽

『一休御一代記図会《いっきゅうごいちだいきずえ》』

禅僧は、普通は高価なものを身に着けることはありません。位《くらい》の高い僧になると紫

あるがままの自分を受け入れる

の法衣（紫衣《しえ》）をまとうことがありますが、基本は綿や麻の衣で墨染めか藍染《あい》めです。素材に綿や麻を使うのは庶民も同じで、今でこそ麻の衣は高くなってしまいましたが、昔は庶民の生活の普段着でした。これに対して紫衣は絹の衣です。

そうやっていつも簡素なものを身に着けていますが、だらしないということはないのです。まめに洗濯をして、パリッとこぎれいにしています。継《つ》ぎが当たっていても洗濯はちゃんとするので、一休さんもぼろぼろで汚れて臭くなった衣を着ていたとはちょっと考えにくい。

「着の身着のまま」といっても、ずっと同じ着物を着ているわけではなく、適度に取り替えているはずです。ここは、「いつも同じような身なりをしている」という意味でしょう。

洛北《らくほく》の紫野《むらさきの》にある大徳寺《だいとくじ》にはたくさんの塔頭《たっちゅう》があり、その中の一つ、真珠庵《しんじゅあん》が一休さんのお寺です。一休さんを開祖として永享《えいきょう》年間（１４２９～４１）に創建され、応仁の乱で焼失した後、一休さん没後に再建されました。

この真珠庵を崇敬した人には女性も多かったようで、かんざしや帯留めが奉納されています。当時のかんざしや帯留めには、今でいえば宝石にあたる珊瑚《さんご》や瑪瑙《めのう》などが使われています。そういうものを奉納されてもお寺では使いようがないため、それらを糸で通して天井から垂らして天蓋《てんがい》の一部にしました。

大徳寺の本坊（寺の寺務を司るところ）のすぐ裏にある真珠庵を訪ねて、方丈（仏堂）に足を踏み入れると、天蓋にそういう宝石の類いがたくさんぶら下がっているのを見ることができます。あれはおそらく、元からあったもの以外は、全部いただいたものをぶら下げたんだろうと思います。

一休さんの歌に話を戻すと、上の句は「金貯めず物蓄えず惜しがらず」です。お金も貯めない、物も持たない、あるものは惜しみなく与えてしまう。これを額面どおりに受け止めると、それでどうやって生きていくのかという話になりますが、禅的に考えてみると、そこには深い意味があるのです。

「本来無一物《むいちもつ》」という禅語があります。私たちは一糸まとわぬ姿で生まれてきて、もちろんお金もなければ知識もなく、最初は何もありません。誰しもそういう状態で生まれてきて、それが人間としての原点です。

あるがままの自分を受け入れる

東日本大震災で被災された方々のところへ行って法話をしたときは、「命が残ったのだから、生まれたときの姿に戻ったと思ってもう一度やり直せばいいですよ」とお話ししました。被災地へは何度も行っていますが、毎回必ずこの話をするようにしています。

似た言葉で「無一物中無尽蔵《むじんぞう》」という禅語もあります。

そこで、「無一物の私たちだとしても、私たちの体の中には無尽蔵なる可能性があります。私たちの誰もが尽きることのない無限の可能性を秘めているのですから、それをどういうふうに形にしていくか。その秘められたものにどう磨きをかけて、復興や自分の生活の再建に役立たせるか。皆さん、新しいチャンスが訪れたのだと思ってください」というお話もしました。

過ぎ去ったことはもうやり直しが利かないので、これからどうするかを考えましょうということです。

皆さん、最初のうちは「そんなこと言われても……」という反応で、どことなく冷ややかです。それは、聞いている誰もが余人にはうかがい知れない苦労や悲惨な体験をされているので当然です。でも、法話をしているうちにだんだん変わってくるのです。

「皆さんには本来無一物で無尽蔵の可能性があるのだから、それをもう一回、引っ張り出さなきゃいけないんですよ」と言われると、やはり心に響くところがあるのか、法話が終わるころには皆さん、目が輝いていました。涙を流される方もいらっしゃいます。

何も持っていなくても無尽蔵の可能性が体の中には秘められているわけで、それを信じてみようと思ったときに、生きる力が自然と湧いてくるはずです。

あるがままの自分を受け入れる

『一休諸国物語』の中には、現代の新聞・雑誌の人生相談に載ってもおかしくないような話が出てきます。

木屋平次郎という背が低くて肌の色の黒い人がいました。彼はその身体的特徴ゆえに世間の人から嘲笑《ちょうしょう》されていて、用事があって外出するたびに、子どもたちが指を指してまとわりついてくるので気楽に道も歩けない、どうしたものでしょうかと一休さんに相談したといいます。

外出にも困るというのはよほどのことですが、身体的特徴を理由に人をからかうのは今でもよくある話です。そのためか、自分の外見に自信が持てず、コンプレックスの塊《かたまり》になってしまう人は意外と多いもの。傍目《はため》には、なんでそんなことを気にするんだろうと思うことでも、当人にとっては耐えられないほど嫌だということはあるものです。

木屋平次郎の悩みを聞いた一休和尚は、面白おかしい話も交えながら親身になってアドバイスしました。

生まれつきたる身を、小さきとても何とすべき。さようのことを悲しむものにあらず。その子細は、金《こがね》は小さけれども天下の宝となる。針は小さけれども、衣服を縫《ぬ》う宝となる。墨は黒けれども、仏経、祖録、聖経、賢伝の書をしるして、天道の助けとなる。漆は黒けれども諸道具の助けたり

「生まれついた体が小さくてもどうしようもない。そんなことを悲しんでどうするのだ。なぜなら、貨幣は小さくても天下の宝となり、細い針は衣服を縫うのに欠かせない。墨は黒いけれども、経典、祖師の語録、儒教の教え、賢者の伝記を記して天の道を知る助けとなる。漆も黒いが諸道具に塗れば長持ちして美しくなる」

一休さんの説教はこの後も延々と続くのですが、ポイントは「あるがままの自分を受け入れよ」。これに尽きます。

あるがままの自分を受け入れる

自分の身体的特徴はもう変えようのない事実です。私たちはそれを認めてかかるしかなく、「何とか変えられないか」と考えるよりも、素直に認めてそれをどう活かしていったらいいかを考えるほうが生産的です。

体が大きければ大きい人にしかできない仕事があるでしょうし、スポーツならバスケットボールやバレーボールは背の高い選手が多く、背が低い人はフィギュアスケートやスケートボード、スノーボードなどが有利になると言われています。

人間というのは不思議と長所よりも短所の方に気を取られがちですが、短所を修正することよりも長所、すなわち自分の優れたところや向いているところを伸ばそうと考えたほうが人生の選択肢は広がります。

ビジネスの世界では、仕事をする上で英語も必要だしプレゼン能力も必要、コミュニケーション能力や交渉能力も必要となったときに、「英語が不得意だからこれを何とかして克服しよう」と考えて頑張る人が多いと聞きます。

ところが、やはり苦手なものは10を目指して努力しても8ぐらいまでしかいきません。しかもやたらと時間がかかる。でも、得意な人は割と早く13、14ぐらいまで到達してしまいます。そうすると、苦手なものを克服するのにあまり時間とお金をかけるのは賢明とは言えないわけです。

もちろん、英語が苦手な人でも、最低限これくらいの力は必要だというレベルはあります。そこまでは頑張る必要がありますが、それ以上、無理して上達しようとするよりも、自分が得意な分野、好きなこと、向いていることに投入して磨きをかけたほうがはるかにメリットは大きいと思います。

自分の苦手な分野は得意な人に任せればよく、逆に得意分野は、人より抜きん出た力量を身に付けておけば「ここは自分に任せてください」と言えるようになります。山椒《さんしょう》の実は小粒でもピリッと辛いのと同じで、得意分野に磨きをかけたほうが存在感を発揮できます。そのほうが個人としても充実感があり、会社としてもプロジェクトを進めやすくなるのです。

一人で何でもできるのは理想ですが、なかなかそういう人はいません。それよりも社内で分業できるようにしたほうが大きな仕事ができますし、社内で難しければ社外にアウトソーシングすればいいだけです。

倒すべき相手は他人ではなく自分

世界では権威主義的な国家が勢いを増す一方、民主主義国家の内部で分断が深まっています。

民主主義社会で大切なのは議論です。お互いの考えをぶつけ合う中で、自分の考えに誤りや矛盾があればそれを捨て、相手の考えに優れたところがあればそれを認める。間違いや矛盾が明らかになった場合、その事実を受け入れる勇気が必要です。

そして、何度も議論を重ねてより良い考え方を見出していく。議論を尽くした後は、決を採って多数が賛同する意見に軍配を上げ、全員がその意見に従う。これが民主主義の基本です。

ただし、少数意見は尊重されなければなりません。多数意見はあくまで暫定《ざんてい》的な結論です。多くの人が賛同したとしても、それは一時の熱狂によるもので、もしかしたら間違っているかもしれないからです。

そこで少数意見は少数意見として尊重しつつ、当面は多数意見に従って統治を行う。企業や団体ならば同様の方針で運営する。私たちが慣れ親しんでいる民主主義とは、このようなものです。

現代では民主主義が普遍的な価値観とされていますが、広く世界を見渡せば、民主主義を導入しようとしてもうまくいかない国はたくさんあります。

その理由は、少数派の人たちが自分たちの正義を主張して譲らず、時に暴力や武力に訴えたり、逆に多数派が少数意見を尊重せず、力ずくで少数派を弾圧したりすることにあります。話し合いをしていた人たちが一転して武器を取って争い、内戦に発展したりするのはこういう場合です。力の強い者が全体を支配する独裁も、こうした混乱の中から生まれてきます。

いったい何の話をしているのかと思われるかもしれませんが、ここで言いたいのは議論の大切さです。冷静に、理性的に、穏やかに議論し、その結果を受け入れることがいかに大事か。それができないと暴力や武力、あるいは強権的な力が大手を振ってまかり通る世の中になりかねないのです。

あるがままの自分を受け入れる

一休さんが果たして民主主義者だったかどうかはわかりません。しかし、民主主義的な精神の持ち主だったのではないかと思わせる言葉が残っています。

法を説き禅を説くに姓名を挙ぐ、人を辱《はずか》しむる一句、聴きて声を呑む。問答、若《も》し起倒《きとう》を識《し》らずんば、修羅の勝負、無明《むみょう》を長ぜん

「法を説き禅を説く場所で、家柄を取り上げ、人を辱しめる言葉を聴き、思わず息を呑んだ。禅問答において、もし人を差別しない心の在りようがなければ、世俗の喧嘩の場となってしまい、煩悩を助長させるばかりだろう」

（読み下し文・訳は『一休和尚大全・上』〈石井恭二、河出書房新社〉）

これは一休禅師の語録を集めた『狂雲集《きょううんしゅう》』に出てくる有名な漢詩です。

禅問答を行う法堂で、法を説く者が修行僧たちの家柄をあげつらい、自分はこんなに凄《すご》いんだぞと威張ったり、身分の低い者を侮辱《ぶじょく》したりしているのを見て唖然《あぜん》とした。

「これが禅僧のすることか」と呆《あき》れたというのです。

仏法の前では身分の上下は関係なく、みな平等であるべきなのに、そうなっていない。我々は髪を剃《そ》った仏弟子なのだから求法《ぐほう》、すなわち法を求めるべきだ。それをするのが我々の生き方であって、自分を誇示したり相手をけなしたりするのは全く違う。とんでもないと怒っています。

原文の「問答、若《も》し起倒《きとう》を識《し》らずんば」は専門家も訳に苦労しているところで、柳田聖山氏はそこから結句までを「問答には、相手を起し自分を倒す区別を心得ぬと、すべてがもう、阿修羅の喧嘩であり、無明を増長させるのである」（中央公論新社）と訳しています。

意見が対立したときに、相手のことをやみくもに否定して「これはこうだろう」と押し付けてしまうのではなく、「なぜそう考えるのだろう。どんな事情があるのだろう」と一度引き下がって相手の意見をよく聞いてみる。「自分を倒す」には、倒すべき相手は他人ではなく自分なんだ、という意味が込められているのです。

自他の意見が百パーセント対立することはあまりありません。大きな対立があって

あるがままの自分を受け入れる

も、普通は少なくとも2割、3割程度は一致できる部分があるはずです。そんなときは、対立を煽《あお》るのをやめて、まずその2割、3割をきちんと認める。「確かにあなたの言っているこの部分については私も共感するし、賛同する」と先に相手を受け入れ、お互いの共通基盤を作るのです。

そうやって相手を受け入れてから残りの7割、8割の意見の違いについて話し合うと、冷静で穏やかな議論がしやすくなります。相手を認めた上で話をするので相手も心を開いてくれます。

ところが、最初から違いを強調して相手を否定してかかると、喧嘩腰なので話は進まず、水掛け論になるだけです。それではお互い得るものは何もありません。

一休さんの漢詩は時を超えて、多くの国で社会の分断と亀裂《きれつ》が深まっている現実に警鐘《けいしょう》を鳴らしています。「問答、若し起倒を識らずんば、修羅の勝負、無明を長ぜん」という言葉は、現代の私たちに深い反省を迫っているのです。

地位や名誉のためにやるのではない

禅の名刹《めいさつ》、臨済宗大徳寺派の大本山大徳寺は茶の湯との関係が深く、山門は千利休の寄進によって二層の「金毛閣《きんもうかく》」として完成しました。大徳寺山門といえば、ピンと来る人も多いでしょう。寄進のお礼に大徳寺が千利休の木像を山門の上層に安置したところ、参拝者が利休の足の下をくぐることになる、不遜《ふそん》だと豊臣秀吉に難癖《なんくせ》を付けられ、これが利休切腹の一因になりました。

大徳寺は14世紀に大燈国師《だいとうこくし》（宗峰妙超《しゅうほうみょうちょう》）が京都の紫野に開いたお寺です。紫野は洛北にありますが、もともとは荒れた野原だったところで、そこに一棟のお堂を建てたのが始まりです。最初は簡素なお寺だったのがだんだん大きくなっていき、一時は五《ご》山《ざん》の筆頭寺院となりますが、後醍醐天皇（南朝）との親しい関係を理由に足利尊氏によって五山から外されました。

大燈国師は派手な格好や立ち居振る舞いを嫌った人です。その法を受け継いでいる

あるがままの自分を受け入れる

ことが一休さんの誇りでした。ところが、大徳寺は享徳２年（１４５３年）の火災や応仁の乱でほとんどの伽藍《がらん》が焼失してしまいます。

この大徳寺を復興せよとの勅書を発したのが後土御門天皇で、当時81歳の一休さんはその命に従い、大徳寺第47世住職となって再建に尽力しました。

このとき、詠んだのが『狂雲集』に載っている次の漢詩です。

大燈《だいとう》の門弟、残燈を滅す、解け難し、吟懐《ぎんかい》、一夜の氷。五十年来、簑笠《さりゅう》の客、愧慚《きざん》す、今日、紫衣《しえ》の僧

「大燈国師の門弟たる衲《わし》は、（今まで残っている）法燈を消滅させたが、一夜の氷が融けるように、詩心を消すことができぬ。五十年このかた、簑笠《みのかさ》をつけて（大伽藍に背を向けて）きたが、今日紫衣の僧になったのが恥ずかしい」（読み下し文は『一休和尚大全・上』、訳は『一休和尚全集・第二巻』〈蔭木英雄、春秋社〉）

大徳寺を復興しなさいと言われて本人は嫌がったのですが、他に適任者がいないため、やらざるを得ないということで住職を引き受けました。ところが、大徳寺は相当大きなお寺ですから、その管長になるということは絹製の紫の衣を着なければいけない立場です。

大燈国師の弟子を自認する一休さんは、「五十年このかた、簑笠《みのかさ》をつけてきた」ことが誇りで、紫衣を身に着けるなんて夢にも考えていませんでした。

でも、世間の人たちはそうは考えません。「凄《すご》いぞ、一休和尚が紫衣を着たぞ。もう最高峰を極めた禅僧だ」と見るわけですが、本人は全然凄いと思っていない。「何だよ、こんなのを着るようになってしまって情けない」と言っています。

自分は紫衣の僧になるために大燈国師の法を継いで修行に励んできたわけじゃない、という反発の気持ちもありそうです。

一休さんの生涯は、地位や名誉は自ら求めるものではないということを私たちに教えてくれています。そういうものは、修行や努力の結果として必要に応じて後から付いてくるものなのです。

特別に生きるのではなく普通に生きる

戦国時代や江戸時代の武士が辞世《じせい》の句を詠んだことはよく知られています。この習慣は禅宗からきたものです。

戦場で命のやり取りをする武士たちは、死に対して大きな不安を抱えていたため、坐禅を組んだり禅僧に教えを請うたりして心を穏やかにしようと努めました。中には武士のまま得度《とくど》（出家）する者もおり、在家得度といって禅僧に弟子入りする武士も多くいました。

禅宗から強い影響を受けた武士たちは、亡くなる前に「遺偈《ゆいげ》」という漢詩を書き残す禅僧の姿を見て、自分たちも辞世の句を詠むようになったといわれています。

朦々《もうもう》として三十年　淡々として三十年
朦々淡々として六十年　末期《まつご》の糞をさらして梵天《ぼんてん》に捧ぐ

『一休咄』

これは満87歳で亡くなった一休さんの遺偈の一つです。「朦々」は精神がぼんやりとしたさま、「淡々」はあっさりとしたさま、物事にこだわらないさまです。禅僧として深く考えることもなく、これといったこだわりもなく60年生きてきたと言っています。

梵天は仏法の守護神を指し、死に際に自分の糞を捧げるというのは、「私の最期はこれだ」と守護神に見せつけているわけで、皮肉なのか愛嬌《あいきょう》なのか解釈が難しいですね。

ここは、「結局のところ、私のこれまでの人生の最後の結果はこれ一つだよ」と言っているのではないでしょうか。自分は修行もし、いろいろな経験もしてきたけれど、人は最後は死に、生きている間は食べて、飲み、糞もする。禅僧といっても、普通の人間と何も変わらないじゃないか、と。

実際には、一休さんは非常に優れた禅僧であり、高い悟りの境地を開いた人です。悟ったからこそ、わざとこういうことを言っているような気がします。

あるがままの自分を受け入れる

悟ったからといって自分が特別な人間になるわけではなく、また生活が特別なものになるわけでもない。自分の心の中に拠《よ》り所を見つけて、心は変わったけれども、やっていることは市井《しせい》の人と何も変わらない。もっと言えば、変わってはいけないんだと言いたいのかもしれません。

禅には修行の度合いを10段階に分け、それぞれの段階を絵で表した「十牛図《じゅうぎゅうず》」と呼ばれるものがあります。中国の北宋《ほくそう》の時代（960～1127）に作られたのが最初で、日本にも伝わりました。

十牛図における〝牛〟とは、「本来の自己」、本来の面目のことで、人が生まれながらに持っている一点の曇りもない美しい仏性です。十牛図はこの「本来の自己」を見つけ出し、悟りを開くまでのプロセスを描いたものです。

次頁の十牛図を見てみましょう。

①尋《じん》牛《ぎゅう》

②見《けん》跡《せき》

③見《けん》牛《ぎゅう》

④得《とく》牛《ぎゅう》

⑤牧《ぼく》牛《ぎゅう》

⑥騎《き》牛《ぎゅう》帰《き》家《か》

⑦忘《ぼう》牛《ぎゅう》存《ぞん》人《じん》

⑧人《じん》牛《ぎゅう》倶《ぐ》忘《ぼう》

⑨返《へん》本《ぽん》還《げん》源《げん》

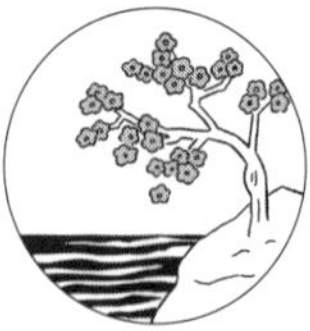

⑩入《にっ》鄽《てん》垂《すい》手《しゅ》

あるがままの自分を受け入れる

十牛図は、少年が牛を探しに行くところから始まります。最初はどこにも見当たらないのですが（①**尋牛**《じんぎゅう》）、そのうちに牛の足跡を見つけて（②**見跡**《けんせき》）、足跡を辿《たど》っていくと牛の尻尾が目に入ります。牛のお尻だけが見えるのです（③**見牛**《けんぎゅう》）。

そこで牛を追いかけていって何とか捕まえようとしますが、牛は暴れて簡単には捕まえられません（④**得牛**《とくぎゅう》）。「本来の自己」という悟りの心を捕まえようとしても、思うようにいかないわけです。

それでも何とか牛を手なずけようと必死にやっているうちに、やっと牛がおとなしくなって（⑤**牧牛**《ぼくぎゅう》）、少年は牛の背中に乗って家に帰ることができました（⑥**騎牛帰家**《きぎゅうきか》）。

ところが、今度はやっとの思いで捕まえてきたその「本来の自己」を忘れて、牛を放して家の中でごろんとしてしまいます（⑦**忘牛存人**《ぼうぎゅうぞんじん》）。苦労してつかみ取ったものだけれども、自分の中にあることがもうわかっているから、牛がどこへ行こうと気にならないわけです。そこで「それこそが悟りの境地だ」として、何も描いていない真っ白な図（円相。円を描いただけの図）になっています（⑧**人牛倶忘**《じんぎゅうぐぼう》）。

その後、梅が咲いている自然の景色になり（⑨**返本還源**《へんぽんげんげん》）、最後は少年が丸々と太った布袋《ほてい》さんのような姿になって、穏やかな表情でひょうたんをぶら下げて市井に出ていくところで終わっています（⑩**入鄽垂手**《にってんすいしゅ》）。

この「十牛図」に照らしてみると、一休さんの遺偈はまさに10番目の牛図を表していると思うのです。最後は、おなかを出したような格好でひょうたんにお酒を入れて町に入っていきます。悟りという自分がつかみ得た心の状態を保ったまま、飾らない姿で人と交わり、皆んなと酒を酌《く》み交わしながら、あるべき生き方を語って人々を導いていくのです。

心の中は別として、外見だけを見れば町の人の姿と全く変わらない。それが悟りを求める旅の終着点だということでしょう。

第４章

悩み苦しむからこそ人間なんだ

一休さんの禅的思考――生きづらさを感じたとき

自分を縛るものから自由になる

海外から日本にやってくる外国人はさまざまな宗教的背景を持っており、その中にはイスラム教徒の方もいらっしゃいます。イスラム教徒の観光客が日本を訪れたとき、一番困るのは何だと思いますか？　それは食事です。豚肉を食べることを禁止されているため、安心して食べられるものが少ないそうです。

この禁止は極めて徹底していて、豚肉料理の代わりに牛肉料理を紹介しても、彼らは納得しません。厨房《ちゅうぼう》で豚肉を調理した際の鍋やフライパンが使われているのではないかと疑うからです。そのくらい徹底しています。

最近ではイスラム教徒が安心して食事ができるようにと、ハラール認証を取得した飲食店や食品会社が増えてきました。ハラール認証とは、ごく簡単に言うと、イスラム教の規則に従って食肉処理された食材を使い、豚肉やお酒は使っていないこと、厨房でも豚肉やお酒を扱っていないことなどを専門機関にチェックしてもらう制度です。

悩み苦しむからこそ人間なんだ

ハラール認証を取得した飲食店や食品ならイスラム教徒は安心して利用できます。

豚肉の禁止はほんの一例に過ぎませんが、イスラム教に限らず、どの宗教にも独特の禁止事項があり、これは仏教も同じです。

仏教では、特に出家者は戒律を守ることが求められ、江戸時代までは肉食妻帯《にくじきさいたい》や飲酒が禁じられたのはもちろん、性交渉を持つことも禁じられました。

もともと仏教に戒律は付きもので、在家信者よりも出家修行者により厳しい戒律が求められたのは、ある意味では当然です。ただ、日本仏教では戒律はそれほど厳格ではありませんでした。妻帯した親鸞を開祖とする浄土真宗で、僧侶に妻帯が認められてきたのはその例です。

では一休禅師はどうだったのでしょうか。

一休さんの語録をまとめた『狂雲集』を読んでみると、どうみても戒律を破ったとしか思えない漢詩がごろごろ出てきます。破戒僧一休の面目躍如《めんもくやくじょ》といった趣きさえあり、これをどうとらえたらいいのか専門家の間でも意見が分かれています。

私は、一休さんは厳しい修行の果てに悟りを開き、いつしか戒律にも縛られない自

由自在の境地に達したのだと思っています。そう考えない限り、多くの弟子を持ち、当時の堺の商人や室町文化（東山文化）の担《にな》い手となる文化人たちに大きな影響を与えた理由が説明できないのです。

一休さんと親しく交流したか弟子となった文化人には、わび茶の祖とされる村田珠《むらたじゅ》光《こう》や能楽の金春禅竹《こんぱるぜんちく》（世阿弥《ぜあみ》の娘婿）、連歌師の飯尾宗祇《いのおそうぎ》、漢詩文の南江宗沅《なんこうそうげん》、真珠庵のふすま絵を描いた画僧の曽我蛇足《そがじゃそく》ら錚々《そうそう》たる面々がいます。

茶の湯と禅を融合させたものがわび茶ですが、この村田珠光の系統から千利休が現れ、わび茶を大成させました。また能楽の金春《こんぱる》流は今日まで脈々と継承されています。

このような例は、室町文化において一休禅師の存在がいかに大きかったかを示すものです。

確かに一休さんが破戒僧となったことは事実だと思いますが、前にも述べたように、一休さんは何があっても竹のようにスッと元に戻ることのできるしなやかさを持っていました。ただの破戒僧にできることではありません。

『狂雲集』の次の漢詩は、読みようによってはかなり衝撃的です。

悩み苦しむからこそ人間なんだ

風狂の狂客、狂風を起こす、来往《らいおう》す、婬坊酒肆《いんぼうしゅし》の中。具眼《ぐげん》の衲僧《のうそう》、誰か一摑《いっさつ》せん、南を画《かく》し北を画し、西東を画す

「風狂の狂人たる俺は、狂風を起こす、遊女屋と酒屋あたりをうろついている。目のある禅僧のうち、誰か一人でも、俺の相手をしようとする者はいないか、南に北によぎり、西へ東へとよぎる、この俺は、なかなか捕まえられないぞ」

（読み下し文・訳は『一休和尚大全・上』）

私は「こんなことをしたら良くない、悪いことだ。こっちの方向に行かねばならない」というような人の行動を縛るものから自分自身を解き放った生き方をしている。私はつむじ風を起こしながら、縁のある方へ、行きたい方向へ行くだけだ。捕まえられるものなら捕まえてみろ、と。

遊女屋と酒屋あたりをうろついているとも言っています。実際、ある研究者によると、一休さんは40代後半あたりから平然と「婬坊《いんぼう》」（遊女屋、娼家）に通っていたと

考えられるそうです。（西田正好『一休』講談社現代新書）

自由奔放なとらわれない生き方を貫いた一休さんらしいとみることができますが、他方、これは「本来の自己」を見出し、自分の中に芯となるものを確立して初めてできることです。うっかり真似をすると、深みにはまって道を踏み外すことにもなりかねません。今風に言えば、「よい子の皆さんは、真似しないでください」といったところでしょうか。

ルールを守るだけならばフンコロガシだってできる

医療機関などで次のような診療時間についての表示を目にしますよね。

「午前の診療は正午12時で受付を締め切ります」

ある方からこんな話を聞きました。その方は、締め切り時刻の1分遅れでクリニックに駆け込んだところ、職員から「受付は終了しました。午後の診療時間においでください」と言われてしまったそうです。職員の対応は決まりを守るという点では間違っていません。

その方は「申し訳ありません。お腹が急に痛くなって、すぐにこちらへ向かったのですが、タクシーがなかなか捕まらなくて……。なんとかなりませんか？」と訴えたそうです。しかし、応対した職員は「1分遅れを認めたら、2分遅れ、3分遅れも認めなくてはならなくなります。キリがありませんよ」と反論します。

物事を杓子定規《しゃくしじょうぎ》に処理すると、こういうことが起こります。しかし、やり取りを見かねた別の職員が「午後まで待つのはきつそうですね。いいですよ」と助け舟を出してくれて、結局、その方は急性虫垂炎と判明。緊急手術によって事なきを得たそうです。

ルールを守ることは必要です。しかし、必要以上にルールに縛られると物事の本質が見えなくなるということが起こります。

「ルール」を「戒律」に置き換えて考えてみましょう。それにはうってつけの話があります。それは一休さんの母親の遺言《ゆいごん》です。

一休さんの父、後小松天皇は北朝系ですが、お母さんは南朝系、つまり後醍醐《ごだいご》天皇の系統に味方する楠木正澄という武士の娘（諸説あります）で、後小松天皇の官女になった人です。北朝系から見て敵方であったため、宮中から追われて一休さんを産んだそうです。

そのお母さんの遺言とされる文章が伝わっています。

我、今娑婆《しゃば》の縁つき、無為《むい》の都におもむき候。御身よき出家に成り玉《たま》ひ、仏性の見《けん》

悩み苦しむからこそ人間なんだ

をみがき、そのまなこより、我ら地獄に落つるか、落ちざるか、不断添《そ》ふか、添はざるかを見玉ふべし。釈迦・達磨をも、奴《やっこ》となし玉ふ程の人に成り玉ひ候はば、俗にても苦しからず候。仏四十余年説法し玉ひ、つひに一字不説《いちじふせつ》とのたまひし上は、我と見、我と悟るがかんえう（肝要）に候。何事も莫妄想《まくもうぞう》。あなかしこ

九月下旬　　　不生不死身

千菊丸殿へ

かへすがへすも、方便《ほうべん》のせつをのみ守る人は、くそ虫と同じ事に候。八方の諸聖教をそらによみても、仏性の見をみがかずんば、此文《このふみ》ほどの事も解《げ》しがたかるべし

　これとてもかりそめならぬわかれてはかたみとも見よ水茎《みずくき》のあと

（西田正好『一休』講談社現代新書）

要約すると一休さんのお母さんは、形だけの修行をしても意味がないと諭《さと》しているのです。

息子（千菊丸）に、仏法の真髄《しんずい》を極めて、お釈迦様や達磨大師をも従わせるくらい

の境地に達したら、俗人として生きてもいいと言っています。

さらに、「四十数年教えを説かれたお釈迦様が、真理は言葉に表せないとおっしゃっているのだから、自分自身と向き合って自分の力で悟ることが肝要《かんよう》。いろいろな人が説く方便の説法ばかり守っているのは、くそ虫と同じですよ。あらゆる経典《きょうてん》をそらんじたところで、仏法の真髄を極めなければ、この遺言の意味も理解できないでしょう」と述べています。

当時の禅は言葉を戦わせて「ああだこうだ」と言う問答を盛んにやっていました。たとえば朝廷や幕府に呼ばれて、公の場で問答合戦をやるのです。一つの質問に対して、何人かの僧が指名されて答えるというやり方です。

また、戒律にこだわり過ぎで、「あれしてはいけない、これしてはいけない。こうあらねばならない」という縛りが沢山ありました。だから「戒律を守るという形式さえ整っていれば、それが禅だ」という考えが世の中に広まってしまった。

それは違うんじゃないの。そんなちまちました細かいことをやって方便の説法に従うのは「くそ虫」と一緒、仏法の真髄のみを直視して生きるべきだ。こう説いたのが

悩み苦しむからこそ人間なんだ

一休さんのお母さんです。くそ虫とはフンコロガシのこと。**死の間際、「ルールを守るだけのクソ坊主になってはいけませんよ」と息子に言ったのです。強烈ですね。一休さんも凄いですが、お母さんも凄い人でした。**

人を救うために生きるとは

ありのままに生きる。私たちはよく望ましい生き方としてこの言葉を使います。しかし、「ありのまま」という言葉は多義的で解釈が難しいことも事実です。

テレワークが普及したおかげで大都会のオフィスに出勤しなくてもよくなった昨今、郊外に住居を移し、豊かな自然に癒やされつつ、ライフワークバランスを保って仕事ができるようになった。これがありのままに生きるということだ、と実感されている方もいるでしょう。

一方、そんな生き方は難しいと言う人も多いと思われます。たとえば政治家ならば、思う存分権力をふるってみたいと思うはずで、そのためには権力闘争に勝ち抜かなければなりません。しかも、政治家には人徳が不可欠です。どんなに頭の切れる政治家でも、人を利用し蹴落とすようなことを続けていたら、どこかで足をすくわれ、トップに立つ前に引きずり下ろされてしまいます。一寸先は闇の修羅場で生きることを運

悩み苦しむからこそ人間なんだ

命付けられた政治家にとって、ありのままに生きるとはどういうことなのか。難しい問題です。

同じことは、多かれ少なかれ企業や組織にも当てはまります。ビジネスパーソンは重要な権限を握って大きなプロジェクトを動かしてみたいと思っても、社内権力闘争に勝たなければ夢を実現できないということがあるのです。あらかじめ自分の権力基盤を固めておかないとやりたいことができません。

人からは野心家と見られる恐れもありますが、野心を持たない人には大きな仕事が回ってこないというのも一面の真理です。こういう環境に置かれたビジネスパーソンにとって、ありのままに生きるとはどういうことなのか。これもまた難しい問題です。

では、宗教家はどうでしょうか。大乗仏教の精神に従い、自らも救い人も救おうという宗教家は、「十牛図」（112頁参照）の10番目のように、悟りを開いた後は市井《しせい》に赴《おもむ》いて人々に仏法を説くのが理想のあり方だと思います。

しかし、市井の人々は良識あるいい人ばかりではありません。煩悩を謳歌《おうか》し、色と欲にまみれ、隙《すき》あらば人のものを奪い、「自分さえよければ」と考える人も大勢います。嫉妬、憎しみ、恨み、暴力が横行するのが人の世の悲しい現実です。

破戒僧と言われながらも、一休さんが多くの人から尊敬され、慕われたのは、修羅の巷《ちまた》にも進んで入り、「自分さえよければ」ではなく「人を救うために」生きたからだと思うのです。

『一休蜷川狂歌問答』は、一休さんと法友の蜷川親当《にながわちかまさ》が、問答するように交互に歌を詠んでいく作品ですが、蜷川親当は一休さんに優るとも劣らない大胆な歌を詠んでいます。

悟りなば坊主になるな魚食え
地獄へ行って鬼に負けるな

一休さんが活躍した室町時代の仏教は、かなり荒れていたようです。大徳寺も御多分に漏れず他の禅寺院同様に中央政権の庇護《ひご》を受けるうちに宗教本来の活力を失い、形式主義、権威主義に陥っていました。一途《いちず》に修行に打ち込んで禅を極めるでもなく、

悩み苦しむからこそ人間なんだ

世俗の社会に入って仏法を説き、禅を教え、悩める民衆の救済に努めるわけでもなかったのです。

強烈な反骨精神の持ち主だった一休さんは、そんなことでは本物の禅僧、禅寺にはなれないと嘆いていました。

「本物とは何かと本気で突き詰めるのなら、たとえ不殺生戒《ふせっしょうかい》を破って魚を食っても、地獄へ行ってもいいじゃないか。世の中の人を皆んな救おうとしたら、一番どん底の地獄で苦しんでいる人のところまで行って、鬼たちをやっつけてその人たちを救ってこい」

この歌にはそんな気持ちが込められているような気がします。

お寺で金襴《きんらん》の袈裟《けさ》を着けて立派な座布団の上に座っていても誰一人救えはしない、ということです。

ところで、一休さんの壮年期、兄弟子の養叟宗頤《ようそうそうい》が大徳寺を官制の五山十刹《じっせつ》から離脱させ、規制の緩《ゆる》い私的な寺として再出発します。そして、自らの創意工夫によって教勢拡大に乗り出しました。

良いことのように思えますが、養叟《ようそう》和尚はその際、足利将軍家に取り入り、その力を利用したと言われています。そのため形式主義、権威主義を払拭《ふっしょく》できませんでした。教勢拡大も、禅を中途半端にしか理解しない信徒を増やすばかりでした。

この養叟和尚のやり方をとことん嫌ったのが一休さんです。にわか信者をいくら増やしても民衆の救済にはつながりません。兄弟子に反発した一休さんは、養叟和尚を禅を世渡りの道具にしていると批判し、「龍宝山中の悪知識（大徳寺の中で最も悪い老大師）」（『狂雲集』平野宗浄訳）ときつい言葉で非難しています。

一休さんと養叟和尚の共通の師である華叟宗曇《かそうそうどん》が亡くなって二十数年後の1452年、朝廷から故人に「大機弘宗禅師《だいきこうしゅうぜんじ》」という禅師号が下賜《かし》されました。下賜に奔走したのが養叟和尚でした。

禅師号が下されるのは大変名誉なことです。しかし、一休さんに言わせれば、師の華叟宗曇は権威・権力におもねった名誉などには目もくれない人でした。

このとき、一休さんは「芳声美誉《ほうせいびよ》　是《こ》れ何の禅ぞ」（名誉や名声を今頃おっかぶせて、いったいそのどこに禅を見るのか〈名欲利欲のところに禅があるはずはない〉）。

平野訳）という漢詩を「お祝い」と称して養叟和尚に贈りました。これが痛烈な皮肉であることは言うまでもありません。

人それぞれ向かう道筋は違うのだ

1924年に37歳の若さで亡くなったイギリスの登山家ジョージ・マロリーが、「あなたはなぜ山に登るのか?」と聞かれて、「そこに山があるからだ」と答えた話はよく知られています。

一瞬、なにか深遠な名言を聞かされた気分になりますが、単に「山があれば登る」というのでは、まるでパブロフの犬(条件反射)のようで、なぜこれが名言なのかよくわかりません。

マロリーは、「あなたはなぜエベレストに登りたかったのか?」と質問されて、「そこにエベレストがあるからだ」と答えたというのが事の真相です。まだ誰一人として世界最高峰のエベレスト山の登頂に成功していない時代です。前人未踏の山に挑戦する気持ちを込めてそう答えたのでしょう。

登山家ではない素人の私たちが趣味で山登りをする理由は何でしょうか。いい運動

悩み苦しむからこそ人間なんだ

になるから、山に登ったという達成感が得られるから、豊かな自然を楽しみたいから
といった理由と並んで、頂上まで登った人しか見られない光景を見たいからというの
も、一つの理由だろうと思います。

一休さんがこんな歌を詠んでいます。

分け登る麓《ふもと》の道は多けれど
同じ高嶺《たかね》の月をこそ見れ
『一休骸骨』

「麓のみちは、いろいろとあるけれども、のぼりきった山の頂上では、みな同じ月を見るのである」（柳田聖山訳）

麓から見る月は場所によって見え方が違いますが、頂上まで登った人なら誰でも同じ月を見ることができます。

もちろんこれは一休さんの歌ですから、山登りが主題ではなく、この月は悟りのことを言っているのです。どの道を通っても、いつかは頂上にたどり着いて悟りを開く

ことができる、というのがその趣旨です。

富士山でいえば、御殿場《ごてんば》ルートもあれば須走《すばしり》ルートもある。吉田ルート、富士宮ルートもあって、どのルートで登っても行き着く先は山頂です。それと同じように、**100人いれば100人、悟りに至る道筋は皆んな違うのです。**

中国の唐代の和尚で趙州禅師《じょうしゅうぜんじ》という方がいました。この方が同じようなことを「大《だい》道長安《どうちょうあん》に通ず」という言葉で表現しています。

弟子から「どういう修行をしたら悟りを得られますか」と聞かれて、趙州和尚は「大道通長安（だいどうちょうあんにつうず）」と答えました。長安は今の西安《せいあん》で当時の首都です。都に行くには大道を行けばいい。大きな道を行きさえすれば間違いなく都に着く。だから1本の道しかないとか、この修行の方法でなければ悟れないとか、そういうことはない。自分に合ったやり方を見つけなさいと言っています。一休さんと同じですね。

これはビジネスにもそのまま応用できる考え方です。よく自分の希望する部署に配属されなくて落ち込む人がいますが、時には発想の転換も必要です。

「なんで私がこんなところでやらなきゃならないんだ」とくさってしまうのではなく、**「ここで修行をさせてもらおう。いいチャンスをもらった」ととらえて、その場を最大限利用して自分を向上させることです。**そうすれば会社は放っておきません。必ず誰かが見ていますから。

要は、その我慢ができるかできないかです。往々にして人は「私はこんなところで仕事をする人間じゃない」「私の居場所は別のところにある」と考えてしまいます。それは「私が、私が」という自我意識の現れです。そういう「私」への執着、とらわれが悩み、苦しみをもたらすのです。

善悪の判断はその原因まで遡《さかのぼ》る

ある裕福な商人が一休さんに「いずれのことをさして善とし、いずれをさして悪とするや」（どういうことを善といい、どういうことを悪というのですか？）と尋ねたというエピソードが『一休諸国物語』に載っています。その商人はおそらく、善悪の判断に迷うような体験をしたのでしょう。

一休さんの答えは、**「善悪限りなし。ただ善悪を知らんとならば、そのよしあしをなす源有るべし。彼にゆいてたずねよ」**というものでした。

「善悪には際限《さいげん》がない。どこまでが善でどこまでが悪という決まりはない。ただ、善悪を知ろうとするならば、そういうことが起きる源、原因があるはずだ。そこへ遡って考えなさい」。意味としてはこんなところでしょうか。

一休さんの書に、真珠庵の掛け軸で有名な「諸悪莫作《しょあくまくさ》　衆善奉行《しゅぜんぶぎょう》」があります。「七仏通戒偈《しつぶつつうかいげ》」と呼ばれるものの一部で、読み下しは「もろもろの悪をなすことなかれ、衆善《しゅうぜん》を行《ぎょう》じ奉《たてまつ》れ」です。

七仏通戒偈はこの後に「自浄其意《じじょうごい》　是諸仏教《ぜしょぶっきょう》」と続き、要するに「**悪いことはするな、良いことをなせ。心を清浄に保て。これが仏教の根本である**」と言っています。

ごく当たり前で小学生でもできそうなことですが、これのできない人が多いため、世の中には犯罪が絶えないわけです。

また、犯罪とは無関係でも、「これ、いいね」と言って皆んなでやってみたところ、後になって「あれはまずかった」ということはいくらでもあります。そのときはいいと思ったけれども、1年後あるいは5年後に結果を見たら失敗だった、かえって問題が起きたということがあるので、よくよく考えて本当に皆んなが良いと思うことをやりなさいということです。

企業の場合も、この企画が実現すれば大きな収益が見込めると思っても、それが世のため人のためになるような企画なのか、皆んなに喜んでもらえる製品なのか、その点を突き詰めて考えた上で最終判断を下すべきです。

企業としては、コストを圧縮して安い製品を売り出すことができれば、ライバル企業との価格競争に勝つことができます。

だからといって強制労働の疑いのあるような工場から原材料を仕入れたのでは、「皆んなが喜ぶ」ということにはなりません。それでは「諸悪莫作」に反します。

予期せぬことが起きるかもしれないし、想定外のことが発生するかもしれない。そうした可能性を念頭に置いて、できるだけ悪から離れることが必要です。

「善因善果《ぜんいんぜんか》、悪因悪果《あくいんあっか》」と言うように、良い心がけで良い原因を作っていけば、おのずと良い結果に結び付くのです。逆に、人をだましてでも、とにかく自分さえ儲かればよい。だまされるのはだまされる方が悪いんだという考えが心のどこかにあると、一時的にはともかく、長い目で見て決して良い結果にはつながらないと思います。

「してやった」ではなく「させていただいた」の精神

一休さんが体験した不思議なエピソードを一つ。

ある日、河原に裸で横になっている物乞いを見つけた一休さんが、可哀想に思って着るものを与えると、物乞いは当然のような顔をしてお礼も言いません。一休さんが「なんだ、うれしくないのか？」と聞いたら、物乞いは「私に服をくれたあなたはうれしくないのか？」と聞き返したというのです。

これはただ者じゃないなと恐れ入った一休さんが目をつぶって手を合わせたところ、物乞いは消えうせて、与えた衣服だけが残っていたということです。

これはお布施《ふせ》とはどういうものかを教えてくれる話です。私たちはお布施を「してやった」とか「寄付してやった」と考えがちですが、本来は「させていただいた」ととらえるのがお布施の精神です。

「させていただいて感謝だ、ありがたい」。こういう気持ちでお布施をするから、された者はともかく、した方はうれしいのです。お布施をするその行為がうれしい。**お布施のことを「喜んで捨てる」と書いて喜捨《きしゃ》とも言います。喜んで捨てて執着から離れた心地よさを感じ取るのがお布施のあり方なので、「してやった」と思うのは大きな勘違いです。**一休さんも物乞いの言葉にハッとして、自分の心のどこかにそういう傲慢な気持ちがあると気付かされたから、手を合わせたのだと思います。

ところで、お賽銭《さいせん》もお布施の一種ですが、皆さんは賽銭箱に向かって投げて入れていますか？

お賽銭はポーンと投げ入れるのが正解です。なぜかというと、賽銭箱の上まで手を伸ばしてそっと入れたのでは、もったいないという執着の気持ちが残ってしまうからです。執着を断ち切るためには思い切って投げたほうがいい。そうすることで執着する気持ちも手放せます。投げるのは行儀が悪いと思っている人がいるかもしれませんが、そんなことはないのでこれからは安心して投げてください。

お布施には3種類あると言われています。一つは、お賽銭やお金を寄付することです。これを財施《ざいせ》といいます。これに対して法施《ほうせ》というものがあります。人に仏法を説

悩み苦しむからこそ人間なんだ

くこと。「こういう生き方をしたらいいですよ。こういう生活をしたらいいですよ」とその人に合った仏教の教えを説いてあげる施《ほどこ》し、これを法施と言います。

三つめは無畏施《むいせ》です。これは財施や法施ができなくても、誰にでもできるお布施のことで、その代表を無財の七施《しちせ》といいます。七施は次の通りです。

①眼施《がんせ》　温かく優しい眼差しを向けること
②和顔施《わがんせ》　笑顔で接すること
③言辞施《ごんじせ》　慈しみを持った言葉（愛語）で接すること
④身施《しんせ》　自分の身体を使って人に奉仕すること
⑤心施《しんせ》　相手に寄り添い、相手と同じ心の状態になってあげること
⑥床座施《しょうざせ》　自分の座っているところ（座席や地位など）を譲ること
⑦房舎施《ぼうしゃせ》　自分の家や場所を提供してあげること

だいたい意味はわかると思いますが、補足すると、④の**身施《しんせ》**は、たとえばお年寄りが重そうな荷物を持っていたら代わりに持って、途中まで一緒に行ってあげるようなことを指します。

⑤の**心施**《しんせ》は「心の施し」のこと。相手が悲しんでいるときに、自分も相手と同じ心の状態になってあげる。これを同心《どうしん》といいますが、相手が困っていたら相手に同心して、相手の立場になってどうしたらいいか考えてあげる。これが心施です。

⑥の**床座施**《しょうざせ》は、昔は、たとえば舟に乗ったときにゆったり腰掛けていたけれど、詰めて座ればもう一人乗れるから詰めようというような場合に、床座施と言っていました。今ならさしずめ、「この部長の椅子は絶対離さないぞ」などと地位や立場に執着するのをやめて、後進に道を譲ることです。

⑦の**房舎施**《ぼうしゃせ》は、わかりやすい例は、にわか雨が降ったときに「どうぞうちの軒《のき》で雨宿りしてください」と、しのぐ場所を提供することです。

この七つを無財の七施と呼んで、お金がなくても仏教のことがわからなくても、誰にでもできるお布施だから、お寺では「皆さん、無理のない範囲でやりましょう」と呼びかけています。

こういう行為は、受けた方もうれしいものですが、それ以上にさせていただいた方がうれしいのです。一休さんのエピソードもこれと同じです。

無財の七施を続けていくと、相手が当たり前のような顔をしても、また特別感謝してくれなくても、気にならなくなります。行為そのものに喜びを感じているので、「いつかわかってくれるだろう」と寛大な心で受け止められるようになるのです。

悩み苦しむからこそ人間なんだ

日本の都会の家庭から仏壇が消え、葬儀や法事もなるべく簡素に済ませる風潮が強まってきました。日本はアジア最大の仏教国といわれ、自己の救済にとどまらず、慈悲の心を持って広く大衆を救済しようという大乗仏教が栄えた国です。しかし今日、科学的知識ばかりが重んじられるようになり、日常生活の中で仏教を意識する機会は徐々に減っています。

それで一生を幸せに過ごせたら何も言うことはないのですが、何かの機会にふと「このままでいいのだろうか……」と不安に駆られる。そんな経験は誰にでもあるのではないでしょうか。

お寺を訪ねて釈迦如来や薬師如来の堂々たる仏像をお参りしたり、荘厳な観音様のお姿を拝んだりすると、弱肉強食の競争社会にあって、あるときは人を利用し、あるときは人を蹴落としてでも生き残ろうとしている自分が小さく見えてきます。

悩み苦しむからこそ人間なんだ

「自分の利益や楽しみばかり追い求めてきた。いつまでこんなことをやっているんだろう……」と反省を迫られるのです。

また、年を重ねるほど煩悩に振り回され、他人と衝突して恨みを買うようなことも増えてきます。そんなとき、仏教の教えが心に刺さり、人は「このままではいけない。でも、どうしたらいいんだろう?」と迷い始めるのかもしれません。

仏教を知らなければ「人生は楽しい」で一生を終われたかもしれないのに、なまじ仏教を知ったがためにかえって迷いの心が生じ、「一度、坐禅でもしてみようか」と考える人も出てくるわけです。

イギリスの文学者、サミュエル・ジョンソンは「獣と化せば人間としての苦悩から逃れられる」(He who makes a beast of himself gets rid of the pain of being a man.)と述べています。ジョンソンは、本能のまま生きれば苦悩もないが、それでは獣と一緒。悩み苦しむからこそ人間なんだ、と言いたかったのでしょう。

一休さんも次のような歌を詠んでいます。

釈迦といういたずら者が世に出《い》でて
多くの人を迷わするかな

『一休諸国物語』

お釈迦様が正しい生き方というものを説いたがゆえに、多くの人がそれを知ってしまった。知らなければ楽に暮らしていたものを。でも、知ってしまった以上、人は迷いの中で正しい生き方を求めていかなければいけないのだ。そう逆説的に戒めている歌です。

お釈迦様は頭の中であれこれ考えて仏教を創始したわけではありません。長い修行の末に悟りを開き、自然や人生における普遍的なものを発見しました。それこそが真理だとして、「真理に従って生きることが人間の生き方としては一番いい生き方ですよ」と説いたのです。

その真理のことを仏教では法と呼んでいます。仏法ですね。お釈迦様（仏陀《ブッダ》）が説いたから仏法と言います。

この仏法が世に明らかにされて、それを知ってしまった人は確かにそうだなと認め

悩み苦しむからこそ人間なんだ

ざるを得ない。しかし、現実の自分は仏法が示す生き方から遠く離れています。いわば理想と現実のギャップを見せつけられるわけです。

「どうやったら正しい生き方ができるのか」

「そんなことはとても無理じゃないか」

「別に今のままでもいいんじゃないか」

こんなふうにさまざまな迷いや悩みが生じたのは人として当たり前のことです。でも、そうした迷いや悩みこそが人を修行や真理の探究に向かわせる大切な原動力となるのです。

第5章

あえて魔界に分け入る生き方もある

一休さんの禅的思考――ルールを破ってしまったとき

何もかも経験した上で言うんだ

一休さんの語録や漢詩を集めた『狂雲集』を禅の本だと思って読み始めると、たびたび面食らうことになります。魚を食べ、酒を飲み、諸々の欲望や本能を肯定し、自らを「恋法師」と呼んで愛欲に溺れる姿をあからさまに綴っているからです。「人は迷いの中をさまようもので成仏は難しい」とまで言っています。

しかし、そうしたセンセーショナルな詩句に幻惑されて、一休さんの破戒僧としての側面を強調し過ぎるのはどうかと思います。**禅僧もまた人間、潔癖な聖人君子とは限らないという当たり前の常識を頭に入れておくべきです。**

狂雲、真に是《こ》れ大燈《だいとう》の孫、鬼窟黒山《きくつこくざん》、何ぞ尊と称する。憶へば、昔、簫歌雲雨《しょうかうんう》の夕《ゆうべ》、
風流の年少、金樽《きんそん》を倒せしこと

あえて魔界に分け入る生き方もある

「狂雲こそ、大燈国師の子孫だ、なんで魔物が住むような山の中で坐禅していることを尊いとしようか。思えば、昔は、歌舞音曲のなかで遊び、女たちと情を交わしていたし、風流な美少年と一緒に、酒樽を空にしたものだ」

（読み下し文・訳は『一休和尚大全・上』）

初句の「狂雲、真に是れ大燈の孫」で、いきなり「私は荒れ狂った雲のような男だ」と言っています。実は一休さんにはいくつか別号があり、その一つが「狂雲子《きょううんし》」です。そこには、**自分は人生の酸《す》いも甘いも知り尽くし、世の中のあらゆることを経験してきたという含みがあります。**

それに加えて、一休さんは大燈国師の法孫《ほうそん》であることに強いプライドを持っていることがわかります。大燈国師は大徳寺を開いた人で、正式な名前を宗峰妙超《しゅうほうみょうちょう》といい、一休禅師の4代前の僧です。その法孫だということを強調して、自分はそんじょそこらの形だけ取りつくろっている禅僧とは違うんだと言っているわけです。

二句の「鬼窟黒山《きくっこくざん》、何ぞ尊と称する」は、山奥にこもって坐禅をしていることを非難しているように読めますが、一休さんも同じような修行はずっとしてきました。ここは、それだけでは駄目なのだという意味です。

そして三句、四句で昔は風流の世界に遊び、女たちとも交わり、美少年を侍《はべ》らせて大いに酒を飲んだと詠んでいます。ちなみに「雲雨」は男女の情事のことです。「清《せい》濁《だく》併せ呑む」という言葉があるように、私は何もかも経験した上で今この境地に至っているんだと言いたいのでしょう。

仏教では、出家するときに戒《かい》を授かります。「お酒を飲んではいけない」「他人の悪口を言ってはいけない」「盗みを働かない」「性的な交わりを持ってはいけない」など十重禁戒《じゅうじゅうきんかい》と言われるものです。

ただ、いつ出家するかによって戒のとらえ方も違ってきます。**お酒を飲んだこともなく、人の悪口も言ったことがないという純粋無垢《むく》のまま出家した人と、十重禁戒に当たることを一通り全部経験してから出家した人とでは、やはり物事《ものごと》の見方に差が出ます。**

喩《たと》えて言うならば、病気になったことのない人が「こういうことをすると病気にな

あえて魔界に分け入る生き方もある

りますよ」と言われて気を付けるケースと、病気になってしまい、「病気になった原因はこれです。以後こういうことはしないように」と言われて、医師の注意を守るケースでは、後者の方が真剣、深刻になるのではないでしょうか。

これと同じようなことを一休さんは言っているのだと思います。「私はもうしっかり病気になってきたよ。そこまで経験してきたからこそ、今こういうことが言えるんだ」という自負心です。

世の中のことを何も知らずに口先だけで戒を説くことに対して、「何を偉そうに言ってるんだ」という皮肉や反発心があったのは確かですね。

一休さんは６歳で出家しています。天皇のご落胤なので早くに出家させられたのですが、実は出家した後でほとんどの禁止行為を経験してしまいました。それで仏界と魔界を行き来するような「狂雲子」として生きることになったのです。

酒はやっぱり飲みたくなるものだよ

「酒は飲んでも飲まれるな」と言うように、ほどほどにたしなむ程度が一番いいのです。飲み過ぎて我を忘れると、思わぬ失敗や事故を起こして人生を棒に振ることにもなりかねません。中には、成人年齢に達して「これで堂々とお酒が飲める」と羽目を外したばかりに急性アルコール中毒になる人や大学の新歓コンパで一気飲みをさせられ、命を落とす人もおり、親御さんの悲しみはいかばかりかと胸が痛みます。

お酒に関しては、一定の割合で「飲めない体質の人」がいることがわかっています。体が受け付けないのに無理して飲めば、健康を害するのは当然です。

他方、お酒が好きでしかもきちんと自己コントロールができるのなら、お酒に凝ってみるのも楽しいもの。むしろ「酒なくして何の人生か」と言いたい人も多いと思います。ビジネスにおいても、お酒は人と人とを結ぶ潤滑油の役割を果たし、楽しいお酒で会話が弾み、商談が進むというのもよくある話です。

あえて魔界に分け入る生き方もある

『一休関東咄《いっきゅうかんとうばなし》』には、山寺にこもっていた一休さんを訪ねた知り合いが、「山居して心を澄ましている（心を清らかに保っている）と聞いたのですが、どうして濁り酒を飲んでいるのですか」と問う話が出てきます。一休さんは次のように答えました。

山居して飲むべき物は濁《にご》り酒
とても浮世にすむ身でもなし

「**俗世間ではどうしても清らかな身ではいられないので山寺に移ってきたが、やはり自分には清酒より濁り酒が合うようだ**」

下の句では「住む」と「澄む」を掛けています。

おそらく濁り酒は庶民が飲むお酒で、高貴な人が飲むのが今で言う清酒です。一休さんとしては、「**この山奥にいたって、やっぱり濁り酒が飲みたくなるんだ**」ということです。**悟りの境地に達したとしても、実際の暮らしにおいては一般の人と何も変わらない。だからお酒も飲むし、その酒は庶民が飲むのと同じ濁り酒です。**

禅ではお酒のことを智水《ちすい》と呼ぶことがあります。智恵の水ですね。不酤酒戒《ふこしゅかい》（十重禁戒の一つ）があっても、昔から陰では飲まれていたのではないでしょうか。そのお酒を飲むときに、一休さんがあえて濁り酒（どぶろく）と言ったのは、誰でも手に入るお酒、庶民が飲むお酒を自分は飲むんだという気持ちの表れだと思います。

俺は悟りを開いたけど、お酒は飲むよと一休さんは言っているのです

悟りとは「本来の自己」と出会うことですが、その「本来の自己」、すなわち仏性は、それぞれの人の内に備わっているものです。それに気付くか気付かないかが凡夫《ぼんぷ》と悟った人の違いで、気付いた人が悟りを開いた人とか仏とか呼ばれ、気付かなければただの凡夫です。

凡夫と仏は全く異なる存在のように見えて、実はそうではありません。私たちも一人ひとりが仏になる仏性を内に宿していて、違いはそれに気付くか気付かないかだけです。

せわしない生活はまっぴら御免

一休さんが47歳のときの出来事です。先師の華叟宗曇《かそうそうどん》の系統の老僧たちから請《こ》われて一休さんは大徳寺如意庵《にょいあん》の住職になりました。

如意庵は大徳寺の塔頭《たっちゅう》の一つです。前に述べた真珠庵も大徳寺の塔頭でした。この塔頭とはどういうものかご存じでしょうか。

元々、そのお寺を開いたご開山様《かいさんさま》を祀《まつ》る塔、この場合の塔はお墓のことですが、そのお墓を守る庵のことを塔頭と呼んでいました。

本来、塔頭は一つです。ところが、住職が隠居して塔頭に移ろうとしても、そこに前の住職が元気で住んでいると隠居しても行き場がなくなります。そこで新しく塔頭を建て、隠居所（隠寮）としました。

特に、大徳寺のように朝廷と密接な関係にあった寺ほど住職が頻繁に交代するため、隠居するときに、「前住職がまだあそこに住んでいるから、もう一つ造らなければ」

ということで、塔頭がどんどん増えていったのです。

現在、大徳寺には20以上の塔頭があり、如意庵はその第一号、最も古い塔頭です。ここに一休さんは、まだ大徳寺の住職になったわけでも、まして隠居したわけでもないのに、どういう事情からか請われて入ることになりました。

ところが、ここが一休さんらしいところですが、せっかく由緒ある塔頭の主《あるじ》となったのに、「こんな堅苦しくてせわしない生活はまっぴら御免」とわずか10日で出てしまうのです。

一休さんは如意庵を退去する際、挨拶として次の漢詩を残しました。


住庵《じゅうあん》十日、意忙々《ぼうぼう》、脚下《きゃっか》の紅糸線《こうしせん》、甚だ長し。他日、君来りて、如《も》し我を問はば、魚行《ぎょこう》、酒肆《しゅし》、また婬坊《いんぼう》

「住職した十日の間は心が忙しかった。俺の足の裏の煩悩を印した紅い筋は長い。いつか、お前さんが、俺のいどころを訊《たず》ねるなら、魚屋か飲み屋か女郎屋にいるさ」

あえて魔界に分け入る生き方もある

（読み下し文・訳は『一休和尚大全・上』）

「脚下の紅糸線」は、足の裏にある線のような血の筋のことです。小さいころははっきり見えていますが、足の皮が厚くなるにつれて見えなくなることから、煩悩が残っている人を赤い線に喩《たと》え、大悟した人を赤い線が消えた状態に喩えます（平野宗浄氏による）。

つまり、**「自分はまだまだ未熟で煩悩が多いので如意庵に長くいる資格はない」と、もっともらしい理由を挙げて退去に理解を求めたわけです。これは謙遜であると同時に、こんなところに長くいてたまるかという皮肉でもあります。**

一休さんは如意庵に入ってすぐ、先師（華叟宗曇《かそうそうどん》）の13回忌法要を営みました。しかし、運命のいたずらなのか、このとき、兄弟子の養叟宗頤《ようそうそうい》が大徳寺の別の塔頭、大《だい》用庵《ようあん》の庵主《あんじゅ》になっていました。養叟和尚で、自分の庵で先師の13回忌法要を大々的に行っています。

前にも述べたとおり、養叟和尚は教勢拡大に熱心な禅僧でした。それはいいのですが、一休さんが禅を世渡りの道具にしていると批判したほどですから、禅をどこまで理解しているのかわからないような堺の商人が大勢集まってきました。

彼らは大用庵だけでなく一休さんの如意庵にも顔を出し、お香典や住職就任のお祝いを包んでは、型どおりの挨拶をして帰っていったようです。

一休さんは、由緒あるお寺の住職になるとはこういうことかと、おそらく思い知ったのでしょう。すっかり嫌気がさして、何もかも放り出して如意庵を飛び出したのです。

如意庵での10日間は、一休さんが大嫌いな形式主義に付き合わされた10日間でした。お香典やお祝いをもらって時候《じこう》の挨拶を交わしたところで、人間関係が深まるわけでもなく、禅の教えを説くこともできません。ただ毎日がせわしないだけです。

先の漢詩には「如意庵からの退院に際して、養叟和尚に寄せる」というまえがきが付いています。退去の理由を養叟和尚に向かって説明するという形を取りました。一種の置き手紙のようなものです。「いつか、お前さんが」の「お前さん」とは養叟和尚のこと。

「俺のいどころを訊ねるなら、魚屋か飲み屋か女郎屋にいるさ」と出家者にとって

あえて魔界に分け入る生き方もある

禁忌《タブー》の場所が三つも書かれていて、養叟和尚が腰を抜かすほど驚いたことは想像に難くありません。

一休さんには、性に合わない仕事を引き受けてしまったという後悔の念があったのだと思います。そこで、「自分はまだまだ未熟で煩悩が多いので」と謙遜と皮肉の入り交じった表現で仕事から撤退する理由を説明したのです。

ここでやめておけば丸く収まったはずですが、さすがに三句、四句はやり過ぎです。これでは相手に喧嘩を売っているようなもの。このあまりに大胆な物言いには驚かされるばかりです。

女性を讃えよう

「俺は逆立ちしたって女房にはかなわん。女房は子どもを産んでくれた。俺には絶対真似できない」

年配の方で愛妻家の男性がよく口にする台詞です。内助の功で自分を支えてくれた奥さんへの感謝、あるいは仕事のため家庭のために二人三脚で懸命に働いてきたことを振り返ってのねぎらいの気持ち、そういった思いが込められています。

こういう台詞が出てくる背景には、昔は妊産婦死亡率が結構高かったという事情があります。日本の近年の妊産婦死亡率は極めて低く、世界トップクラスです。妊産婦死亡率とは、出産数10万あたりの1年間の妊産婦死亡数の割合ですが、日本は2016年に3・4でした。他国との比較ではドイツが4・1（2014年）、スウェーデンが3・5（同）、スイスが2・4（2013年）です。

この数値は2020年には2・7まで下がりました。しかし、年次推移を見てみる

あえて魔界に分け入る生き方もある

と、40年前の1980年は19・5、1969年は53・9と今と比べてはるかに高かったのです。（統計値の出典は厚生労働省）

妊娠・出産が原因で亡くなる女性がいるという事実は、子どもを産むという行為が死の危険を伴うことを意味します。「そうした危険を冒して子どもを産んでくれた、男には決してできないことをやってくれた、だから女房には頭が上がらないんだ」と年配の男性が女性讃歌を口にするのは、たぶんにのろけも入っているのでしょうが、今以上に死のリスクを意識せざるを得ない時代に結婚したことも関係していると思います。

一休さんにも女性讃歌を思わせるエピソードが伝わっています。

ある川辺に通りかかったとき、一休さんは女性が裸で水遊びをしているのを見て立ち止まり、女性の陰門に向かって三度礼拝してから立ち去りました。

これを見た人たちが、「世の中の坊さんは、女の裸を見たら何度もねちねちと見てなかなかその場を離れないのに、一体どうしたことか。気が変になったのではあるまいか。さもなければ、こんなことはしないだろう」と言って、一休さんの後を追いかかけて訳を聞きました。

一休さんは特に返事もせず、次の歌を詠んで立ち去ったということです。

女をば法《のり》の御蔵《みくら》と言うぞ実《げ》に
釈迦も達磨も出《い》づる玉門

『一休諸国物語』

「女性は仏の教えを納めた蔵というではないか。釈迦も達磨大師も女性の陰門から出てくるのだから」

お釈迦様も達磨さんも、産んでくれた女性がいるからこの世に現れることができた。だから裸の女に向かって三拝したのだ、と一休和尚は言っています。

この話のポイントは、一休さんが三拝したところにあります。三拝とは五体投地《ごたいとうち》のこと。対象に向かってひれ伏して、頭から足から手から全部地面にくっつけて礼拝《らいはい》するのが五体投地で、一休さんはそれを三回しました。ということは、深い尊敬の念を持っていて、それを形で示したということです。

あえて魔界に分け入る生き方もある

五体投地と聞くとチベット仏教を思い浮かべる人がいるかもしれませんが、日本の仏教でも普通に行われています。私も朝のお勤めで毎日やっています。

その作法は宗派によって違いがあり、チベット仏教の場合は体全体を地面に投げ出します。これに対して中国や日本では膝をついて、膝を曲げた状態で体を前に投げ出し、肘《ひじ》と額、膝から下の足を地面や畳につけます。それから両手（肘から先）を伸ばして、手のひらを上にして持ち上げるような格好で礼拝するのです。これは臨済宗も曹洞宗も一緒です。中国から伝わった作法をそのまま継承してきました。

五体投地は、膝をついてひれ伏すので最高の尊敬を表す所作です。一休さんがこれを三度繰り返す三拝までしたということは、冷やかしなどでは全くなくて、本当にそういう気持ちで礼拝をしたということです。

「釈迦も達磨も出《い》づる玉門」とあるのは、女性が産んでくれたから私もこの仏法に接することができたし、禅に接することができたんだという感謝の気持ちの表明です。

お釈迦様から禅の開祖・達磨大師を経て六祖・慧能禅師《えのうぜんじ》につながり、そこから脈々と法灯がつながって、日本の大応国師《だいおうこくし》（南浦紹明《なんぽじょうみょう》）、さらには大徳寺を開いた大燈国師（宗峰妙超）につながり、自分につながったという縦の流れの中で、その大本には女性がいたし、その都度、命がけで出産してくれる女性の存在があったということ。そのことに思いを馳《は》せて三拝したのだと思います。ひょっとしたら自分を産んでくれたお母さんのことを思っていたのかもしれません。

いずれにせよ、これは一休さん独特の自由奔放な、何ものにもとらわれない姿の表れです。裸の女が水遊びをしている情景と三拝する自分が一つになっている。人の目や体面を全く気にしていないわけです。

一休さんが女好きだったということもありますが、それだけではとても説明のできないユニークなエピソードです。

心が折れることがあってもいい

十重禁戒を授かった出家者にとって、「破戒」の烙印《らくいん》を押されるのは痛手です。信用を失い、下手をすると蔑《さげす》みと嘲《あざけ》りの対象となることさえあります。特に性にまつわるスキャンダルが致命的なことは、昔も今も変わるところがありません。

先のエピソードでも述べましたが、仮にお坊さんが裸の女性を目の前にした場合、その対処法を間違えると、庶民から嘲笑の対象になるということもあり得たわけです。

そう考えると、室町時代の禅僧である一休さんが、いかに天皇のご落胤《らくいん》とはいえ、堂々と破戒に及んだことには驚かされます。しかも、それを漢詩に詠んで公表してしまったのですから前代未聞と言うべきではないでしょうか。

美人の雲雨《うんう》　愛河《あいが》深し、
楼子老禅《ろうしろうぜん》　楼上《ろうじょう》の吟

我れに抱持唼吻《ほうじしょうふん》の興《きょう》有り、
竟《つい》に火聚捨身《かしゅうしゃしん》の心無し

『狂雲集』

「いっしょに寝てくれる美人の愛情は、深い河のようだ。楼子和尚は楼上の女の歌で悟った。私には抱擁とか接吻《せっぷん》とかの楽しみがあって、身命をかえりみず（修行する）という心など全くない」

（読み下し文・訳は『一休和尚全集・第一巻』平野宗浄）

「雲雨」は男女の情事のこと。楼子老禅とは南宋《なんそう》の禅僧で、楼子和尚には酒楼《しゅろう》で吟じている女の歌を聞いて大悟したという逸話があります。

禅の修行は厳しく、托鉢《たくはつ》もあれば各地を巡り歩く雲水行脚《うんすいあんぎゃ》もあります。いい加減な気持ちではとても続けられない大変なものです。ところが、一休さんは「美人と接吻や抱擁を楽しんだら厳しい修行に打ち込む心はどこかへ行ってしまった」とあっけらかんと言っています。美人との情事で心が折れてしまった、と。

勘違いしないでいただきたいのは、これは一休さんの独り言だということです。修

行なんかどうでもいいと言っているわけでも、戒律を破ることを勧めているわけでもありません。ただ「そのとき、そういうふうに思ったよ」と心中を吐露《とろ》しているのです。正直ですよね。

一休さんの真意を見誤って、うっかり「俺も真似してみよう」などと思ったら魔界に足を取られて、抜け出せなくなってしまいます。戻ってこられなくなってしまう。

でも、一休さんはそういうことはないのです。たぶん次の行動を起こしたら、もうそんなこともあったかと忘れています。左右に振れていたのが、あっという間に元に戻っている。いつまでも引きずっていません。そこが一休さんの一休さんたる所以《ゆえん》です。

老いて枯れる必要はない

平均寿命が延びたことで、高齢者の婚活が盛んになっています。何らかの事情でずっと独り身だった人や配偶者と死別・離婚した人が、「やはり一人は寂しい」とよき伴侶を求めて婚活にいそしむようです。近年、「おひとりさま」という言葉がもてはやされましたが、孤独に耐えられるほど人は強くないということかもしれません。ただ、価値観は人それぞれです。結婚はもうこりごりと言って独身生活を謳歌している人もいれば、一人だけれども、気の合った「おひとりさま」同士で支え合いながら楽しく暮らしている人たちもいます。

高齢になってからの婚活では、財産目当ての人、女性を家政婦代わりとみる人などもいて、マッチングはそう簡単ではないのが実情です。よき伴侶に出会えたと思ったら子どもに反対されたというケースもあります。相続の問題もからんでくるため、ご縁に恵まれないとなかなか難しいのです。

あえて魔界に分け入る生き方もある

一休さんの場合、不思議なご縁に導かれて、晩年になってからの約10年間、年の若い目の見えない女性と暮らしました。名前は「お森《しん》」。表記は「森公《しんこう》」「森女《しんじょ》」「森侍《しんじ》者《しゃ》」などいろいろです。鼓を打ち、艶歌《えんか》（色っぽい歌）を歌う旅の遊芸者だったと言われています。

森公の深恩《しんおん》に謝するの願書
木稠《しぼ》み葉落ち　更に春に回《かえ》り、
緑を長じ花を生じ　旧約《きゅうやく》新《あら》たなり
森や　深恩《しんおん》　若《も》し忘却せば
無量億劫《むりょうおくごう》　畜生の身ならん
『狂雲集』

「お森の深い恩に感謝する願書。木が枯れ葉が落ちた老いの身に、春がまた回ってきた。枝に緑の葉が伸び花が咲き、昔の思いが新たになった。お森の深い恩を、もし忘れたなら、永遠に畜生道に墜《お》ちるだろう」

（読み下し文は『一休和尚全集・第二巻』、訳は『一休和尚大全・上』）

これとは別の漢詩にやや長いまえがきがあり、お森とのなれそめが綴られています。それを読むとなんとも微笑ましく、現代の恋愛でもこうはいかないだろうと感動さえ覚えます。一休さんにとってもお森にとっても、幸せな出会いでした。

この詩は、私は薪村《たきぎむら》の小さな家に、長年住んでいたことがあるが、
そのころお森（森侍者）には、私の風采を聞いて、恋慕の思いがあった
私もそれを知っていた。しかし思いを残しながらも
今日に至ったのだ。数か月が経って文明三年の春に、
住吉で再会し、彼女に素直な気持ちを聞くと、
すぐに頷いて応じた
このようなところから、拙《つたな》い詩を作って感慨を述べる

（訳は前掲書）

文明三年は１４７１年。世は応仁の乱の真っ只中です。侍者《じしゃ》は和尚の身の回りの世

あえて魔界に分け入る生き方もある

話をする人で、一休さんはお森という目の見えない女性に思いを寄せ、78歳のとき、お森を侍者にしました。このとき、お森は40歳を超える年齢でした。

侍者は身の回りの世話のほか、法要のときはお線香や法語《ほうご》を渡すなど和尚の手伝いもしますが、おそらくお森は身の回りの世話だけで手伝いまではさせなかったと思います。森侍者と呼んだのは、そう呼ばないと都合が悪かったのかもしれません。

『狂雲集』には森侍者との性愛を詠んだと思われる漢詩が収録されています。中でも有名なのは、「美人の陰《いん》に水仙花の香《かおり》有り」や「美人の婬水《いんすい》を吸う」「我が手を喚《よ》びて森の手と作《な》す」などと題された詩です。いずれもその赤裸々な性描写にはドキリとさせられますが、一休さんが森侍者を愛おしむ気持ちはこれらを含め多くの漢詩に表現されており、二人がオシドリ夫婦のような関係だったことがうかがえます。

「木はしぼみ葉は落ちてもまた春は巡ってくる」という言葉どおり、一休さんの晩年の暮らしは枯れ木に花が咲いたように充実したものでした。

禅僧が性生活を営むとか、それを漢詩に詠むといったことは、当時はタブーです。でも、**一休さんは全てのことをやり切った上で、十牛図の最後にあるように世俗の巷**

に戻っていきました。自分でつかみ取るものはつかみ取って、町の中にそれを携えてごく平凡な姿で戻っていき、そこで人々を教化《きょうけ》していかれた。その最後の境地で出会ったのが森侍者だったということでしょう。

森侍者には「恋慕の思い」があり、一休さんには「深い恩に感謝する」気持ちがあった。だから二人の関係は相思相愛です。普通ならもうすっかり枯れていてもおかしくない年齢だというのに驚かされます。しかもこれは、今から550年も昔の室町時代の話なのです。

一休さんは、老年になっても枯れる必要はないと身をもって私たちに教えてくれています。年を取ると「年相応に」と考えたくなりますが、それではかえって心も体も老いてしまいます。「生きているうちは生き切りなさい」という禅の教えのように、息があるうちは元気で精一杯一日一日を暮らすことが大事です。一休さんは、まさにそのような精神で晩年を過ごされたのだと思います。

実際、一休さんが後土御門天皇の勅命によって大徳寺の住職になったのは81歳のときです。大徳寺は応仁の乱でおおかた焼失してしまい、その再建は急務でした。一休

あえて魔界に分け入る生き方もある

さんに白羽の矢が立ったのは、一休さんの影響力がそれだけ大きかったことを示しています。

また、一休さんが老体に鞭《むち》打ってこの難事業に取り組むことができたのは、森侍者との充実した私生活があったからだとも言えます。

地位や名誉に恋々《れんれん》としない一休さんは、それまでに培《つちか》った商人や文化人との人脈を活かしてお布施を集め、短期間のうちに方丈（住職の居間、居室）と法堂《はっとう》（説法を行い修行僧を指導するお堂）を再建しました。そして、山門を建て直す資金の調達に目処をつけると、さっさと山を下りてしまいました。

我欲《がよく》というものが全くない人だったのです。

あえて魔界に分け入る生き方もある

作家の川端康成が日本人として初めてノーベル文学賞を受賞したのは1968年のこと。受賞記念講演では「美しい日本の私」と題して日本の文学的伝統と自然について語っています。

このとき、川端は講演のかなりの部分を禅の解説に充《あ》て、芥川龍之介の死に触れたところでは一休禅師を取り上げました。

「私も一休の書を二幅所蔵しています。その一幅は、『仏界入り易く、魔界入り難し。』と一行書きです。私はこの言葉に惹《ひ》かれますから、自分でもよくこの言葉を揮《き》毫《ごう》します。意味はいろいろに読まれ、またむずかしく考えれば限りがない」

(『角川ソフィア文庫』)

この**「仏界入り易く、魔界入り難し」**という言葉をどう考えたらいいでしょうか。

仏教で一番重視されるのは修行ですが、その修行の中心は規則正しい生活です。仏

あえて魔界に分け入る生き方もある

法を意識して規則正しい生活をしていると、魔が入り込む隙がありません。これは仕事でもスポーツでも、一心不乱に取り組んでいれば、余計なことを考えないので雑念が生じないのと同じです。でも、時に気持ちが緩んであらぬことを考えたり、欲を出したりすると、そこにふっと魔が入ってくることがあるのです。

だとすると、一休さんの言う「仏界入り易く、魔界入り難し」は、逆説的な表現だと考えた方がわかりやすい。

つまり、普通に考えれば魔界は入りやすいものです。世の中には至る所に魔の誘惑があり、いったんその世界に足を踏み入れたらあっという間に転落していくこともあります。簡単に入れて、しかも非常に恐ろしい。一方、仏界はその奥深い世界に入っていくのはなかなか大変です。

私たちは、俗世間に身を置いていれば魔界の方がよほど入りやすいわけです。それがわかっているからこそ、一休さんはできるだけ身を律して「魔界入り難し」と言える自分になろう、しっかり修行をしていれば「魔界入り難し」なんだと、こう言っているのではないかと思うのです。

仏界も奥が深く、入れば入るほどだんだん難しくなってきます。学問というよりは行であり、論理を学んでもそれを実践しなければいけないので簡単ではありません。でも、その難しさを乗り越えるためにタガをはめた修行生活をしますから、その道に徹すれば奥へ奥へと入っていくことができます。これが「仏界入り易く」です。

これが、前に述べた「諸悪莫作《しょあくまくさ》　衆善奉行《しゅぜんぶぎょう》」の揮毫《きごう》とも一致する解釈ですが、一休さんの場合、別の見方をすることもできます。

仏界に入るよりも魔界に入っていく方がずっと難しい。だから魔界を避けているようでは本物ではない。魔界に入って鬼たちをねじ伏せて、そこで苦しんでいる人たちを救ってこい。こういう解釈です。

つまり、魔界に入らなければ、魔界にいる人を救えない。戒律を遵守して形だけの修行をしていてはそこで苦しむ人々の気持ちを汲《く》むことなどできやしない。あえて魔界に分け入る生き方もある、という意味合いが込められているのだと思います。

第6章

死ぬときはポックリ逝こう

一休さんの禅的思考——死が近づいてきたとき

死んでしまいたいときだってあるさ

一休さんが21歳のときに自殺未遂事件を起こしたことは第2章でご紹介しました。実は、2度目があるのです。

今度は54歳のときです。大徳寺内の派閥争いで数人の僧侶が投獄される事件が起き、この騒動に苦悩した一休さんは、山城国《やましろのくに》と丹波国《たんばのくに》の国境《くにざかい》にある譲羽山《ゆずりはやま》に入って餓死しようとしました。

一度目は母の使いに抱きとめられて入水寸前で助かりましたが、このときも救いの手が差し伸べられました。後花園《ごはなぞの》天皇が勅書《ちょくしょ》を発して制止したのです。

「事の宸聴《しんちょう》に達し、即ち勅批《ちょくひ》を降《くだ》されて曰く、和尚決してこの挙あらば、仏法王法倶《とも》に滅せん。師豈《あ》に朕《ちん》を舍《す》てんや、師豈に国を忘れんや」（事の次第が天皇の耳に入り、勅書をもって、和尚が餓死するならば、仏法と王法ともに滅することになる、この私を見捨て国を見放すのか、とこれを止めた）

死ぬときはポックリ逝こう

『一休和尚年譜』は、天皇の勅書をこのように記録しています。一休さんとしても、天皇の意向を無視することはできず、餓死を思いとどまったということです。

生涯に2回も自殺未遂を起こした禅僧は、あまり聞いたことがありません。それだけ純粋な人だったということです。

最初の自殺未遂は、慕っていたお師匠さんが亡くなって心の拠り所を失った絶望感から起こした行動でした。**2度目の自殺未遂に関しては、「派閥争いにうつつを抜かしている和尚たちはどうしようもない、そんな連中と一緒にされたくない」という気持ちがあったようです。当時の禅宗寺院に対する失望感ですね。**

出家したにもかかわらず、権威や出世にこだわるなんて言語道断というのが一休さんの信念でした。和尚はそんな争い事とは一線を画して生きていかなければならないのに何をやっているんだ、もう同じ和尚として見られたくない。そんな気持ちが働いていたものと私は推測しています。

この派閥争いとは、現代でいえば、大本山の管長の座を巡る派閥抗争のようなものです。誰を管長に推そうかということで派閥ができ、勝ち馬に乗れば自分も出世できるわけです。政界や企業の中のトップ争いと同じです。「出家者はそういうことから距離を置くべきではないのか」という呆れ返った気持ち、絶望感が一休さんに死を決意させました。

自ら命を絶つというのは、禅の世界でもよほどのことです。私たちは誰一人自分で自分を生み出すことはできません。本来は、預かった命、与えられた命ですから、最後まで生き切りなさいというのが禅の教えです。

ただし、確実な死が目の前に迫ったときは別です。死期を悟った僧侶が断食をして死を迎えることは、昔から普通に行われていました。

中には、弟子に穴を掘らせて大きな甕《かめ》を埋め、その中で坐禅をしながら死を迎える僧もいました。土中の甕には竹筒が通してあり、そこから空気を送り、時々水も差し入れます。わずかな水はあっても、事実上の絶食です。地上からは弟子たちが「お師匠さん、大丈夫ですか？」と時々声をかけ、最初は「まだ大丈夫だ」と答えていた和尚も、だんだん返事をしなくなり、一切反応がなくなったら掘り出すのです。

坐禅をしたままミイラになった和尚はいらっしゃいます。それはもうミイラになっ

死ぬときはポックリ逝こう

た仏様の姿、即身仏《そくしんぶつ》ですね。

そういう形で死を迎えることはありますが、自殺となると、これはよほどのことです。現代では決してあってはならないことであり、「一休さんも自殺したんだから私も……」などとは考えないでください。そのことを踏まえた上であえて書くと、**2度も自殺未遂を起こしたということは、一休さんが死を恐れていなかった何よりの証拠です。死を恐れない人間ほど恐ろしい存在はありません。**

かの西郷隆盛も長州の勤王僧《きんのうそう》月照《げっしょう》と共に入水し、月照は亡くなりましたが、西郷さんは奇跡的に助かりました。しかし、助かったのは偶然の結果であって、死を覚悟して入水を決行したという事実は誰も否定できません。倒幕という大事業も、彼の死を恐れない精神があったからこそなし得たことでした。

一休さんも死を恐れてはいませんでした。2度の自殺未遂を経て、むしろ「怪僧一休」として甦《よみがえ》ったと言えるのではないでしょうか。

「死んで楽になりたい」は欲張り

『宗教年鑑・2022年版』（文化庁）によれば、宗教を信仰する日本の全信者数は約1億8000万人に上ります。人口よりも多いのは一人で複数の宗教を信仰するケースがあるからで、各宗教の内訳は、神道系信者が48・6パーセント、仏教系信者が46・4パーセント、キリスト教系信者が1・1パーセントです。

日本ではキリスト教系の信者数はごくわずかですが、結婚式はキリスト教式で行う人が多く、クリスマスも年中行事として完全に定着しています。

また、著名人が亡くなったとき、テレビや新聞でよく見かけるのは、「天国で安らかに眠ってください」「天国でゆっくり休んでください」といった街の人の声です。

この「天国」とは、どういう世界なのでしょうか。『キリスト教を知る事典』（外村民彦、教文館）は、キリスト教でいう天国を「神がいまし、昇天したイエス・キリストがその右に座しているところ」と説明しています。しかし、キリスト教信者でない

死ぬときはポックリ逝こう

街の人が「天国」をこのような意味でとらえているとは思えません。普通は「苦難のない楽園」（同）といった程度のごく漠然としたイメージがあるだけだと思います。

仏教で天国に相当する言葉は「極楽浄土」や「仏国土」です。善因善果《ぜんいんぜんか》・悪因悪果《あくいんあっか》で、人は死後、仏となって極楽浄土（仏国土）に生まれる者もいれば、生前、悪事を働いた人は地獄・餓鬼・畜生の三悪道に墜ちるとされ、恐れられてきました。

一休さんはこんな歌を詠んでいます。

極楽を願うは老いの欲心ぞ
死んでの後《のち》も楽をする気か

『一休御一代記図会』

極楽を願うのは「老いの欲心」だと言うのですが、そう言われても、地獄の責め苦に遭うのは嫌ですから、仏教を信じる限り、誰もが極楽への往生を願うはずです。この歌には一休さんのどんな思いが込められているのか考えてみました。

禅僧の中には、たまに「ああ、もう疲れた。しばらく休んでゆっくりしたいな」と漏らす不届き者（?）がいます。「そうだね。ほんとに疲れたよ」と同調者が現れる場合もありますが、たいていは、誰かが「心配ないよ。あの世に行けば好きなだけ寝られるから」とたしなめて、そこで話は終わります。

これは半分冗談のようなものですが、よく言われるのは「地獄に墜ちる人がいるのであれば、地獄に行って救ってやらなければいけない」ということです。和尚が亡くなることを遷化《せんげ》と言うように、和尚には場所を遷《うつ》してそこで教化《きょうけ》する使命と責任があると考えられてきました。

この世で多くの人に仏法に則った生き方をしましょうと教えを説いてきたけれども、いよいよ旅立つときが来たら、場所を遷してそこでまた法を説くのが和尚の役目だというわけです。

そのときに、「遷す場所は地獄だ。地獄に行った人を救ってあげなければ」と考えるのが禅僧の発想です。**「死んでの後も楽をする気か」は、極楽へ行って安楽に過ごそうと思うな、死んでからもまだやることはあるぞと戒めた言葉です。**

仏教には全ての人を救うという大原則があります。地獄に墜ちた人を見捨ててしま

っていいのか、ということですね。放っておいても極楽に行ける人は別として、助けを必要としている人がいたら、ちゃんと助けてあげなければいけないということです。

一休さんの歌は、誰に向けて詠んだのかによって違った解釈もできます。僧侶が対象なら今述べたような解釈になりますが、**一般の人に向かっては、もう十分この世でいい思いをしてきたのだから、これ以上欲張るなと諭しています。**

生まれることもなく死ぬこともない道を教えよう

死に恐怖心を抱くのは、一つには、自分という存在が跡形もなく消えてなくなるのではないかと感じられるからです。

作家で国会議員、都知事を歴任した石原慎太郎氏は、89歳で亡くなる1年半ほど前、雑誌のインタビューで次のように語っていました。

「意識が消滅するのですから、死ねば虚無です。人間が喜んだり愛したり恐れたり怒ったりするのは全部、意識の産物です。意識がなくなってしまったら、自分がどこにいるのかさえもわからない。死んだら何もないのです。だから私は、こういう言葉をつくりました。『虚無は実在する』。（中略）これは私自身が自分の行動や思索を通して到達した言葉です。私なりの悟り、覚悟と言ってもいい」

（『プレジデント』2020年7月17日号）

石原氏は「私なりの悟り、覚悟」と言って、死に立ち向かう気概《きがい》を示しましたが、

死ぬときはポックリ逝こう

一般の人はなかなかそうはいきません。むしろ「虚無は実在する」からこそ死に怯《おび》え、死を前にたじろいでしまうのではないでしょうか。

死が怖いのにはもう一つ理由があります。それは、死ぬときは自分一人だということ。皆んなで仲良く死ぬというわけにはいかないのです。

一休さんも、「世の中の生死の道につれはなし　ただ寂《さび》しくも独死独来《どくしどくらい》」（『一休諸国物語』）と詠んでいます。

「どんなに仲の良い友人や夫婦であっても、一緒に生まれて一緒に死ぬことはできないわけで、これが世の道理である以上、死を迎える際は誰でも寂しいものなんだ」

この寂しさが怖さ、恐怖感につながるのだと思います。

法友、蜷川親当《にながわちかまさ》の最期には一休さんが立ち会いました。そのときの二人のやり取りは次のようなものでした（『一休咄』）。

ひとり来てひとり帰るも我なるを
道教えんと言うぞおかしき

蜷川親当がこのように高らかに唱えたところ、一休さんがすかさず返歌を詠みます。

ひとり来てひとり帰るも迷いなり
来たらず去らぬ道を教えん

ここで一休さんは、先ほどの「独死独来」の歌と一見矛盾するようなことを言っています。でも、よく考えてみると決して矛盾ではないことがわかります。

一休さんが導師となって蜷川親当をあの世へ送ろうとしたところ、親当が「私はこの世に一人で来て一人で去っていこうとしているのに、まだ私に何か言い聞かせることがあるのですか。おかしいじゃないですか」と突っかかってきました。

このとき、一休さんは「まだ何か言い聞かせることがあるのですか」と言った親当の言葉に迷いを見たのです。そこには「何か言ってくれるんじゃないか。教えがあるんじゃないか」という一縷《いちる》の期待、すがるような思いがあるわけです。

死ぬときはポックリ逝こう

そこで一休さんは、この期《ご》に及んで一人で生まれて一人で死ぬとか、そんなことを考えることと自体が迷いだと喝破《かっぱ》しました。

「来たらず去らぬ道を教えん」は「生まれることもなく死ぬこともない道を教えよう」という意味で、これは第２章で紹介した前後際断《ぜんごさいだん》のことです。

薪は薪だけで完結しているし、灰は灰の姿で完結している。薪が燃えて灰になるのではなくて、薪は薪、灰は灰で前後は切れているんだと道元禅師は説かれました。

普通私たちは生が死になると考えますが、そうではないというのです。生は生としてあり、死は死としてある。生と死の間は切れているんだ、と。生きているときは精一杯生き切ることが大事で、死が来たらそれをそのまま受け入れて死んでいくんだ。そういうふうに生と死はお互いに絶対なのだと考えない限り、迷いが生じるというのが道元禅師の教えです。それを一休さん流に言い換えて蜷川親当に伝えたのです。

死ぬときはポックリ逝こう

医療や技術の進歩によって簡単には死ねない時代になってきました。「ピンピンコロリ」や「ポックリ逝く」が理想だと思っていても、今はすんなり死なせてくれません。救命救急医療のおかげで、昔なら助からなかった命が助かるようになっています。問題は、かろうじて命は助かったけれども寝たきりになったとか、重い後遺症が残ったというケースです。身近な家族にとっては、命が助かったことはこの上ない喜びです。しかし、本人がどう思っているかというのは別の話です。本人は「ピンピンコロリ」や「ポックリ逝く」を望んでいたのですから。

家族に大きな迷惑をかけてまで長生きしたくない、逝くときが来たらすんなり逝きたいと思っている人は多いですが、医師や病院は患者さんの命を救い、少しでも長く生きられるようにするのが仕事です。「先生、ずっと寝たきりは嫌だから、そろそろ楽にしてくれませんか」と頼んで、「はい、わかりました」と答える医師はいないのです。
「ピンピンコロリ」の希望が叶《かな》えられる人は少数派です。私たちはこれが現実だということを知った上で、自分はどういうふうに死にたいのかについて、しっかりとした考えを持っておくべきです。

面影は変わらば変われ年もよれ
無病息災死なばごつとり
『一休諸国物語図会拾遺《いっきゅうしょこくものがたりずえしゅうい》』

「ごつとり」はポックリのこと。若いときの面影はもうなくなってすっかり年を取ってしまった。無病息災は結構だが、時が来たらポックリ逝きなさい。お迎えが来たら「いやだ、いやだ」と言わずにスッと逝きなさい。一休さんはそう言っています。

これを現代に置き換えると、意識がないのに胃ろうを造設し人工呼吸器を付けて、とにかく心臓を動かして呼吸だけは保つ。そこまでして人工的に生かす必要があるのかということです。私たち禅僧の立場からすると、それはもうお迎えが来たということです。ただ単に脈だけが動いている、息だけはしているという状態にしかならないのなら、「それはやめてください」と言うのがポックリ逝くということだと思います。

医師に言われるまま延命治療をしてまで生きるというのは、生に執着し過ぎているような気がするのです。もちろん、そうすることで回復する可能性があるのであれば、話はまた別です。でも、その可能性がないのに、私たちが預かっている命、頂いている命を、機械で制御して無理やり生かし続けるというのなら、科学が発達し医療技術が進歩したといっても、果たしてそこまでする必要があるのか疑問です。

末期《まつご》が来れば昔ならそこでもう旅立っていきます。昔はそれが自然なあり方でした。良くなる見込みが全くないのに、人工呼吸器さえ付けておけば生かし続けることはできますという状態になったとき、それでも生きたいと考えるか、お迎えが来たと考えるか。

ただ、これは死に関わるデリケートな問題なので、あくまで決めるのは本人もしくは家族です。答えを出すのは皆さん一人ひとりです。ここでは一休さんの歌を引きながら私の考えを述べてみました。

子育ては親をも成長させてくれる貴重な機会

今の日本で非常に大きな問題になっているのが少子化です。人口がどんどん減っている流れをどこかで断ち切らないと、このままではそう遠くない将来１億人を切り、いずれ８０００万人、６０００万人と半減してしまいます。

そうなれば、これまで長い時間をかけて築いてきた社会インフラやいろいろな制度が維持できなくなるのは明らかです。

たとえば、65歳以上の高齢者を15～64歳の現役世代で支える割合を見ると、１９７０年には現役世代９・８人で高齢者１人を支えていました。それから半世紀後の２０２０年、この割合は２・１人まで低下しています。将来予測では２０６５年には１・３人になるとされ、少子化が進むにつれて現役世代には重い負担がのしかかることになります。（『高齢社会白書２０２２年版』内閣府）

仏教界でもこの問題は深刻です。後継者不足から住職不在の寺院が増えているのです。日本では住職の子どもが後を継ぐケースが圧倒的に多いのですが、少子化の波は仏教界にも押し寄せていて、子どもが女の子一人の場合、結婚して転出すれば後継者はいなくなってしまいます。住職が不在となった場合は、別のお寺の住職が兼務するのが普通です。しかし、一人でいくつものお寺を掛け持ちするのは難しく、今後は無住のお寺が増えるだろうと言われています。

この少子化の問題を考えたとき、子どもは社会の宝、国の宝だとつくづく実感します。何とか少子化の進行に歯止めをかけて、せめて1億人程度の人口を維持できるように努力すべきです。

親は過去わが身は現世子は未来
後生《ごしょう》大事と子をば育てよ
『一休諸国物語図会拾遺』

これは子育ての大切さを詠んだ一休さんの歌です。親はやがて亡くなっていき、自分も今は頑張っているけれども、やはり去って行く立場。その後を担うのは子どもだ

死ぬときはポックリ逝こう

から、子どもをしっかり育てなさいと諭しています。

子育ては喜びも大きい半面、大変なこと、つらいことが多いのも事実です。次の社会を背負っていく人たちを育てるという観点から、国や自治体は子育て世代の負担軽減策や彼らが求める施策を充実させてほしいと思います。また、私たちも社会全体で子育てを応援し、温かく見守るような雰囲気作りを心がける必要があります。

少子化対策のポイントは、一つは、子どもを生んで育てたいという人の願いをできるだけ叶《かな》えてあげることです。たとえば、子どもは3人欲しいと思っているカップルがいたら、実際に無理なく3人生んで育てられるような支援策を用意することです。「無理なく」というのは簡単ではないかもしれませんが、そのくらい大胆な目標を掲げて取り組まないと効果は見込めません。

もう一つは、子どもを生んでくれる人の数を増やすことです。最近は子どもを持つと自由がなくなってやりたいことができなくなるとか、子育てが煩《わずら》わしくて生みたくないとか、お金もかかって時間も取られるから気が進まないといったことを、はっきり言う人が増えたという印象があります。

特に、自分の思うように自分の人生を生きていきたい。だから子どもは生まない、育てないという考え方。こういう考え方をする人が非常に多くなりました。しかし、よくよく考えてみると、その発想は自我から来ています。

私の人生なのだから私の好きなように生きたい、私の好きなように仕事をしたい、私の自由を束縛されたくない。これは皆んな「私が、私が」で私だけがよくなるようにという自我の発想です。西欧的な発想と言ってもいいでしょう。

これに対して仏教は、関係性の中で私たちは生かされていると考えます。自我ではなくて無我。自分をなくす無我の発想です。「自分が生きている」ではなく「自分が生かされている」と考える。すると、この生かされている自分を世の中で役立てていくにはどうしたらいいかというところに、自然と思いがいくようになるのです。

自分という存在は、生んで育ててくれた親なしにはこの世に存在できなかったわけで、自分が生かされていることへの感謝の念があれば、自分も親となって子どもを生み育てようと自然に思えるのではないでしょうか。

また、生物として子孫を残すのは一種の定めのようなものであり、自分が生かされ

死ぬときはポックリ逝こう

ているこの社会や共同体が滅びることなく存続していくためには、多くの女性に子どもを生んでもらうことがどうしても必要です。

子どもを生めば、それまでにない経験や苦労を味わうことになりますが、それは同時に親をも成長させてくれる貴重な機会だということ。仏教はそのようにとらえています。

こう考えたとき、基本はやはり子どもは生んでいくべきものでしょう。もちろん強制することはできませんし、強制はあってはならないことです。そのことは押さえた上で、人生のライフイベントに結婚・出産・育児を位置づけることの重要性を、とりわけ若い人たちに実感してもらうような取り組みがあってもいいのではないかと思います。

日本の生涯無子率（50歳時点で子どもがいない女性の割合）は27％。フィンランドの20・7％、スウェーデンの12・2％、アメリカの11・9％よりもはるかに高い数値です（2020年、OECD調査）。子どもが宝なら、子どもを生んでくれる女性も宝。子育て世代を手厚く支援するだけでなく、多くの女性が子どもを生みたいと思えるような世の中にしていきたいものです。

そのために仏教徒、禅僧としての私が提案したいのは、発想の転換です。自我から無我へ。「私が生きている」から「生かされている私」へ。女性に限らず、全ての人が今、そのような発想の転換を求められていると思います。

「私が、私が」という自我が今の日本社会では強くなりすぎています。自我が過剰なのです。私が日々暮らしていけるのは、私を取り巻く社会や、企業・地域・家族などの共同体があり、そこでのいろいろな人との関係があって、その中で生かされているからです。こうした発想を持つことが全ての根本ではないかと思うのです。

食べるもの、着るもの、身の回りのもの、あらゆるものがそれらを作っている人たちの努力の結晶です。そう思えば何一つおろそかにしていいものはなく、「ありがたい」「おかげさま」という感謝の念が湧いてきます。

皆んなのおかげで暮らしていくことができ、今日もこうやって生かされている私です。誰も自分の力で自分の心臓を動かすことはできません。自分の意志にかかわりなく心臓は動いてくれ、諸々の器官が勝手に身体機能を調整してくれています。私たち

死ぬときはポックリ逝こう

は自分の力で生きているように見えて、あらゆる点で実は生かされている存在です。

日本で仏教が花開いたことによって、この国の歴史を刻んできた人たちは、元々こうした考え方を持っていました。それがいつの間にか西欧流の個人主義の浸透により、薄れてきてしまいました。

今は、私たちが元々持っていた無我という発想に立ち返る時です。それができれば、与えられた命を次につないでいきたい、次の世代にバトンを渡したい、そしてその営みを皆んなで応援したい。自然とそういう世の中になるはずです。

最期の言葉は「死にとうない」

一休さんの辞世《じせい》の句とされるものは、第3章でご紹介した「朦々として三十年 淡々として三十年」のほかにもいくつか知られています。臨終間際に詠んだというわけではなく、それ以前からいざというときに備えて詠んでいたようです。

借用申す昨月昨日　返弁《へんべん》申す今月今日
借り置きし五つのものを四つかえし
本来空《くう》にいまぞもとづく

『一休咄』

前の句は、「自分の命はこれまでお借りしていたもの。今こそそっくりお返し申し上げる」という意味です。

後の句の「五つのもの」は地・水・火・風・空のことで、空を除いた地・水・火・

死ぬときはポックリ逝こう

風を四大《しだい》といいます。四大はあらゆる存在を成り立たせている元素のようなもの。それらを統率するのが空という悟りの世界です。

私たちを構成している四つを返すと一休さんは言っています。地・水・火・風を返し、空という彼岸の世界、仏国土、極楽浄土へ帰っていくんだということです。

さて、法友の蜷川親当を死の床で諭《さと》したり、ポックリ逝くのが理想的とも言っていた一休さんですが、どんな最期を迎えたのでしょうか？

言い伝えによると、88歳で瘧《おこり》（マラリア、熱病）にかかり、亡くなるときは「死にとむない」（死にとうない）とつぶやいて逝ったとされています。

これを、死の恐怖に負けたととらえるのは正しくないと思います。長寿の果ての大往生とはいえ、まだ生きてやりたいことがあった、私の役目はまだ残っているんじゃないか。そういう気持ちの表れだったと私は想像しています。

意地悪な見方をすれば往生際が悪いと言えますが、意表を突いて人々を楽しませた一休さんのことです。案外、これは最後のユーモアだったのかもしれませんね。

おわりに

ビジネスの現場では「株式会社〇〇〇〇の社員です」「フリーランスです」「社長です」「役員になりました」「起業したら年収は倍になりました」などの会話をよく耳にすると思います。

これらはビジネスパーソンたちの自己紹介であると同時に、「所属する組織の中で上に行きたい」、あるいは「社会的に重要な地位に就きたい」という日々、奮闘努力している声だと言えます。

一休さんは次の歌を残しています。

国いずく里はいかにと人問わば
本来無為《むい》のものと答えよ

『一休和尚法語』

「お国や出身がどこかと聞かれたら、そんなものは意味がないと答えればいい」

「無為《むい》」は「意味がない」ということです。出身地とか家柄とか、そういうことを聞いたって、その人そのものは分からない。どういうことを為《な》す人なのかというのを見抜くことが大事であって、出自《しゅつじ》がどうかとか、お国はどこだとか、そういうことを聞いても答えても無意味だ。その人そのものをよく見なさいよ、と一休さんは言っています。

この歌を今の時代に置き換えてみると、「身分、肩書、地位、年収を聞かれたところで、それらは人間の本質ではないから答えたところで意味がない」と解釈することができるでしょう。

禅では「この世の姿は仮の姿」と考えます。一休さんがこの世を「有漏路《うろじ》」と詠んだことは本編でも紹介しました。

人間には生まれながらに仏性が備わっている。「本来の自己」と出会うことが「無《む》漏路《ろじ》」であり、「無漏路」に辿《たど》り着くまで悩むことも致し方ない。ただ、現代社会では地位や名誉、お金といった人間を飾る要素にばかり目を奪われ、それがすがる対象になってしまうから悩み苦しむ。悩みの多くはそこから生まれてくるのも事実です。

ただ、そんなすがる対象も一瞬で消え去ります。

それに気付かされるのが、死に直面したときでしょうか。

たとえば、社会的に高い地位にいる方や何かを極めた方が亡くなったとします。そういう方の場合、生前の知名度の高さから大勢の弔問《ちょうもん》客を見越して葬儀《そうぎ》を行うことがあります。

しかし、その方が人間的に問題があったり、必ずしも慕われている人ではなかった場合、「生花や花輪は沢山届くけれど人は来ないね」「寂しい葬儀だったね」ということになりがちです。訃報《ふほう》を受け取った側としても、「生花だけ贈っておこうか」とか「弔電《ちょうでん》だけ送って済ませよう」ということになってしまうわけです。

一方、無名の方が亡くなり、密葬や家族葬などで葬儀を公表しなかったり、ひっそり行ったとしても、「故人には大変お世話になった。お線香一本だけでもあげたい」と、後日、遺族に連絡が入り、仏壇やお墓の前で涙を流しながら手を合わせる人が現れる場合もあります。自然と人がやって来るんですね。

「人の価値は死んだときにわかる」と言われることがあります。

身分、肩書、地位、年収といったものは死ねば消えてなくなります。それらは、人間の価値、あるいは、その人がどういう人間だったかということの本質を伝えるものではありません。大切なのはどう生きたかです。もっと言うなら、どう生き切ったかです。

本書が皆さんの人生を大きく前へと進めて行く契機になることを願って。

合　掌

令和五年九月吉日

建功寺方丈にて

枡野俊明

【著者紹介】

枡野俊明（ますの　しゅんみょう）

曹洞宗徳雄山建功寺住職、多摩美術大学環境デザイン学科教授、庭園デザイナー。大学卒業後、大本山總持寺で修行。禅の思想と日本の伝統文化に根ざした「禅の庭」の創作活動を行い、国内外から高い評価を得る。芸術選奨文部大臣新人賞を庭園デザイナーとして初受賞。カナダ総督褒章、ドイツ連邦共和国功労勲章功労十字小綬章を受章。また、2006年「ニューズウィーク」誌日本版にて「世界が尊敬する日本人100人」にも選出される。庭園デザイナーとしての主な作品に、カナダ大使館、セルリアンタワー東急ホテル庭園、ベルリン日本庭園など。主な著書に『禅、シンプル生活のすすめ』、『心配事の９割は起こらない』などがある。

悩みを笑い飛ばす力　一休さんの禅的思考
2023年10月29日　初版発行

著　者　枡野俊明
発行人　杉原葉子
発行所　株式会社電波社
〒154-0002　東京都世田谷区下馬6-15-4
TEL. 03-3418-4620
TEL. 03-3421-7170
https://www.rc-tech.co.jp
振　替　00130-8-7658

ISBN978-4-86490-241-0　C0030

印刷・製本　株式会社光邦